MON CHEMIN VERS LA LUMIERE

Chemin de guérison intérieure

Docteur Gerald G. Jampolsky

Editions Vivez Soleil

Du même auteur,
chez le même éditeur :

— Aimer c'est se libérer de la peur

— Sans peur et sans reproches

— N'enseignez que l'amour

— Donner c'est recevoir

Illustration : Patrick Leroy
Photocomposition : Imprimerie Chevallier
Titre original : OUT OF DARKNESS INTO THE LIGHT,
a journey of inner healing
Traduction de l'américain : Sylvain Du Boullay
Copyright © 1989 by Gerald G. Jampolsky, M.D.
published by arrangement with Bantam Books, a division of
Bantam Doubleday Bell Publishing Group, Inc.
Copyright © 1990 Editions Vivez Soleil SA
32, av. Petit-Senn - CH 1225 Chêne-Bourg/Genève
ISBN 2-88058-069-2

INTRODUCTION

Gerald Jampolsky fut élevé dans l'idée qu'hier était affreux, aujourd'hui est épouvantable et demain sera pire encore. Pouvez-vous imaginer que, parti dans la vie avec une telle philosophie, il soit devenu une véritable comète du bonheur ?

Pouvez-vous imaginer qu'un homme fondamentalement malheureux, qui fut même alcoolique à un moment donné de sa vie, sillonne aujourd'hui le monde pour y ouvrir des centres de Guérison des Attitudes ?

Un jour, alors qu'il ne voyait plus aucune issue, un appel au secours monta du fond de son coeur.

Il s'ensuivit une profonde transformation intérieure. Gerald Jampolsky découvrit une nouvelle façon de voir les choses, à laquelle nous devons par exemple la merveilleuse anecdote que voici.

Il avait été appelé dans un service psychiatrique pour un patient devenu soudainement furieux, qui avait arraché le cadre en bois de la porte. « En regardant à travers la lucarne, raconte Gerald Jampolsky, je vis un homme d'1,90 m, pesant bien 110 kilos. Il courait nu autour de la chambre en portant cette grosse pièce pleine de clous et en délirant tout haut. Je ne savais quoi faire. »

Puis G. Jampolsky se rendit compte à quel point ce malade était effrayé et sentit combien il l'était lui-même. Il pensa soudain qu'ils avaient un point commun susceptible de servir de lien : ils avaient peur tous les deux. Il cria alors à travers la porte :

« Je suis le docteur Jampolsky. J'aimerais vous aider, mais j'ai peur, peur qu'il m'arrive du mal, peur qu'il vous arrive du mal et je ne peux m'empêcher de me demander si vous n'avez pas peur aussi. ».

A ce moment-là, l'homme s'arrêta de délirer et dit : « Vous avez raison, j'ai peur. » Ils continuèrent à se parler ainsi en criant et, peu à peu, leur peur disparut et leurs voix se calmèrent.

Le docteur Jampolsky put entrer dans la chambre sans user de force ni de violence. Il était allé dans le sens de l'union et non de la séparation.

Le chemin parcouru par Gerald Jampolsky, nous pouvons tous le parcourir.

Nous sommes heureux de présenter ses livres qui nous valent un courrier enthousiaste de lecteurs ayant découvert qu'« aimer c'est se libérer de la peur ». Nous nous réjouissons que Gerald Jampolsky ait écrit l'histoire de sa vie, montrant que nous passons ou passerons tous par où il a passé lui-même. Car chacun laisse derrière lui l'ombre pour aller toujours plus vers la lumière.

Les éditions Vivez Soleil

TABLE DES MATIERES

	INTRODUCTION : DES TENEBRES A LA LUMIERE	9
1	UNE CARTE DE LA VIE	25
2	LES PREMIERES ANNEES DE MON EGO	43
3	LA LUTTE CONTINUE	53
4	LES LOIS DE PENURIE	57
5	LA VIE DANS LES SABLES MOUVANTS	71
6	L'ESCALADE DE LA MONTAGNE	79
7	SE PROTEGER DE L'AMOUR	91
8	ATTACHEMENTS	99
9	SE DECOUVRIR UNE FINALITE	109
10	LE DEBUT DU LACHER PRISE	115
11	ECOUTER	127
12	MON PERE	141
13	MA MERE	153
14	DES RELATIONS SPECIALES AUX RELATIONS SAINTES	171
15	LE SIDA	191
16	CHACUN EST UN MAITRE POUR NOUS	211
17	RIEN N'EST IMPOSSIBLE	225
18	MEDITATIONS QUOTIDIENNES	231
19	CHAQUE PAS SUR LE CHEMIN	241
20	« L'AMOUR EST LE CHEMIN QUE JE PARCOURS AVEC RECONNAISSANCE »	243
	EPILOGUE	247

REMERCIEMENTS

Je voudrais remercier du fond du coeur Diane Victoria Cirincione qui, par ses encouragements inlassables, sa patience et son amour, a permis à ce livre de voir le jour. Je voudrais aussi remercier tout spécialement Hal Zina Bennett pour les nombreuses heures qu'il a passées avec moi afin d'en mettre au point la version finale.

Je tiens à exprimer ma gratitude à Judith Skutch Whitson et Robert Skutch de la Fondation pour la Paix Intérieure (Foundation for Inner Peace), qui m'ont permis de citer des passages du *Cours sur les Miracles*. Je voudrais enfin dire ma reconnaissance à l'équipe du Centre de Guérison des Attitudes, à Tiburon en Californie, et à tous ceux qui sont venus dans ce centre et m'ont appris la vraie signification de la confiance, du lâcher prise, de l'amour et de la paix.

Tout au long de ce livre, vous trouverez des prières, des méditations et des poèmes en prose. Ils sont pour la plupart de moi. Lorsqu'ils proviennent d'autres sources, par exemple du *Cours sur les Miracles*, leur origine est spécifiée.

INTRODUCTION

DES TENEBRES
A LA LUMIERE

LA FIN D'UN REVE

Aide-moi à quitter ma prison de ténèbres,
Fruit des ombres de mon ego.
Fais-moi sortir de mon rêve de crainte
Où la culpabilité, les reproches et l'attaque
Appellent depuis des portes sombres.

Aide-moi à changer ma vision du monde
En n'attribuant de valeur ni aux reproches
Ni à ma propre condamnation.
Aide-moi à ressentir l'Amour
Comme ma seule réalité.

Aide-moi à ne franchir
Que les ponts du pardon
Pour que je passe enfin
Des ténèbres
A la Lumière.

Il y peu de temps encore, rien ne m'aurait moins tenté que de lire un livre relatant la «lutte de quelqu'un contre Dieu». L'idée que je puisse écrire un tel livre m'aurait paru absurde. Le mot *Dieu* était négatif pour moi. De plus, comment pouvais-je imaginer que quelqu'un lutte contre Dieu, puisque je m'étais persuadé de son inexistence ?

A soixante-trois ans, je me rends compte que, sans en avoir eu conscience, j'ai passé le plus clair de ma vie à lutter contre Dieu. Il peut paraître étrange qu'une telle affirmation provienne de quelqu'un qui se soit vanté d'être athée, qui ait même milité dans ce sens avec une certaine vanité.

J'étais persuadé que quiconque croyait en Dieu était stupide et ne faisait pas face au monde «réel». Mon dédain reposait sur une montagne de pensées erronées. Si quelqu'un tentait d'engager avec moi une conversation sur Dieu, je lui tournais tout simplement le dos. Je ne voulais pas en entendre parler.

Pourtant, ma vie n'avait pas toujours été ainsi. Je me rappelle certains moments où je m'étais senti tout autre et où Dieu m'était apparu assez proche pour que je l'aborde et que j'entre en contact avec lui.

Un jour, vers l'âge de quatre ans, je jouais seul derrière l'appartement que nous habitions. Je m'en souviens parfaitement. Ce fut l'un des moments les plus heureux de mon enfance. Je me suis mis à parler aux pâquerettes et aux papillons. Et ils me répondirent. Nous eûmes ensemble une longue conversation. Je me rappelle que je ressentais pour eux un amour sans limites et, en leur envoyant de l'amour, mon cœur me paraissait tout ouvert et débordant.

Tout jeune, j'avais aussi de longues conversations avec le ciel, les nuages et aussi avec Dieu. La joie que je ressentais en ces moments-là était comparable à une merveilleuse musique. Je me sentais pleinement *uni* à tout, et tout me semblait magnifique et présent *pour toujours*.

Chaque fois que ces souvenirs tentèrent de refaire surface dans ma vie d'adulte, je fis mon possible pour les refouler. Je demeurais sur mon piédestal d'athée militant et j'affirmais que les gens qui suivaient un chemin spirituel et qui, par conséquent, croyaient en Dieu, étaient simplement victimes de leurs propres peurs. Pour moi, le dicton datant de la Première Guerre mondiale, « il n'y a pas d'athée au creux des tranchées », confirmait une fois de plus le fait que les gens ne croyaient en Dieu que lorsqu'ils étaient morts de peur.

Je pensais que le fait d'avoir peur impliquait que l'on ne se servait pas de sa tête. La peur rendait stupide. J'étais convaincu qu'aucune définition de Dieu ne pourrait jamais satisfaire quelqu'un d'intellectuellement conscient et de vivant. Je ne me suis jamais dit, pas même une seconde, que si quelqu'un avait peur, c'était peut-être moi.

Enfant, je croyais qu'il y avait dans le ciel un Dieu extérieur, surhumain. Je me le représentais comme un vieillard avec une robe blanche, une longue barbe blanche et de gros sourcils blancs broussailleux. Je croyais que si nous accomplissions la volonté de Dieu, nous étions récompensés.

Si nous nous opposions à lui, nous recevions un châtiment sévère. Je croyais en un Dieu terrifiant, vengeur et implacable.

Seulement depuis peu, j'ai compris que je suis responsable des pensées que je mets dans mon esprit et que je peux les choisir. Je sais que seules mes pensées peuvent m'emprisonner ou me libérer. Auparavant, je n'avais jamais songé au fait que, en prenant mes décisions, j'avais le choix entre écouter mon ego avec sa voix de peur, ou écouter la voix de Dieu qui provient de l'amour. Il y a très peu de temps que des phrases comme « que ma volonté et la tienne soient une » ou « que ta volonté soit faite » ont commencé à sonner juste dans mon coeur.

L'immortalité et la peur

Comme mes parents, j'ai toujours eu peur de la mort car je pensais que ma réalité se limitait à mon corps et à mon ego. Pour moi, mourir signifiait la fin, il n'y avait plus rien. J'avais décidé que si tel était le scénario écrit par Dieu, je n'en voulais pas. En même temps, je pensais que ceux qui parlaient de vie éternelle étaient des rêveurs qui, manifestement, ne connaissaient rien aux faits.

Je perdis mon peu de foi en Dieu lorsque, à seize ans, l'un de mes meilleurs amis mourut dans un accident de voiture. A mes yeux, la mort de cet ami était cruelle, injuste et insensée. Elle excluait l'existence d'un Dieu de justice, de confiance et d'amour. Cela me laissait plus que jamais dans la crainte, la vulnérabilité et le manque d'amour. Par la suite, j'oscillai entre la croyance qu'il n'y avait pas de Dieu et la croyance que Dieu cherchait manifestement à avoir raison de moi.

Je voulais que mon corps vive à jamais. J'envisageais de le faire congeler après ma mort au cas où, juste au cas où, quelqu'un découvrirait un produit miracle qui me ramènerait à la vie et me permettrait de vivre éternellement. Avant de m'engager sur un chemin spirituel, je considérais la mort comme l'ultime expérience de la perte de contrôle et je cherchais à déplacer la peur qu'elle m'inspirait en essayant de prendre le contrôle des gens et des circonstances qui m'entouraient.

En dépit de mes réussites apparentes dans la vie, j'étais toujours hanté par le sentiment de la vanité de la vie. Ce sentiment était la voix de mon ego, mais je ne le savais pas encore. Je sentais qu'il devait y avoir autre chose dans la vie que ce dont je faisais l'expérience. Je pensais qu'il n'existait sur terre aucun moyen de me protéger de façon permanente du mal ou de l'attaque, de la douleur ou de la maladie physique ou émotionnelle. Dans presque tout ce que je faisais, le point important était la conscience que j'avais du fait qu'il m'était impossible de contrôler la mort.

Tout ce que me disait mon ego me semblait vrai. A présent, je vois que les images présentées par l'ego ne sont que des représentations fausses du monde et de la place que j'y tiens. Mon ego voudrait me faire croire que je ne suis rien de plus qu'une personnalité contenue dans un corps et limitée à un certain temps et à un certain espace.

Qu'est-ce que l'ego ?

Je n'utilise pas le mot *ego* comme le font la plupart des psychanalystes. Je considère l'ego comme une image fausse, une forme associée au corps et au moi physique. L'ego est un rêve qui nie notre identité véritable constituée par un moi spirituel, un moi qui n'a pas de forme physique.

L'ego lui-même ne se plie à aucune définition, mais il est facile de parler de ses effets sur notre vie. Le message principal de l'ego est la peur, peur d'être tout seul dans un monde de pénurie et peur d'avoir à rechercher (mais sans jamais trouver) ce que nous cherchons. L'ego ne connaît pas la signification de l'amour et considère la paix comme une ennemie. Pour lui, le monde est un lieu de séparation, un lieu où se trouvent des corps séparés et des esprits séparés. Il ne croit pas à la totalité ou à l'unité.

Il veut nous faire croire que notre monde repose bien davantage sur la peur et l'attaque que sur l'amour. Il nie l'existence du moi spirituel et nous affirme que la réalité est ce que nous percevons par nos cinq sens. Ce livre traite de ma lutte avec l'ego et de mes tentatives pour m'éveiller au moi spirituel, à ce moi qui ne se limite ni au corps, ni au temps, ni à l'espace.

Ma lutte contre Dieu provenait des efforts de mon ego pour me faire croire à la peur plutôt qu'à Dieu, et pour que je suive ses préceptes au lieu de me laisser diriger et guider par Dieu. Avec la peur comme point de départ, je tentais, sans grand succès, de me reposer sur mes propres plans, sur mon intellect, sur ma propre volonté, sur mes jugements personnels et mes expériences passées. Bien entendu, c'est exactement ce que l'ego veut que nous fassions tous.

Je luttais contre Dieu chaque fois que je m'autorisais à refouler mon souvenir de lui. Ainsi, chaque fois que je critiquais quelqu'un, que je me reprochais quelque chose, que j'émettais un jugement ou que je me mettais en colère, je me battais contre Dieu à un certain niveau de ma conscience.

A présent, je sais que j'ai passé le plus clair de ma vie à essayer de me protéger de ce que mon ego percevait comme des attaques de la part des autres. Je me servais de nombreux déguisements pour cacher ma peur et les sentiments vrais que les autres ou moi-même éprouvions.

Je me servais du rejet et du refoulement pour me dissimuler la vérité. Mon ego maintenait les choses cachées dans des compartiments de mon esprit et scellait des portes blindées entre ces compartiments pour interdire toute communication. Même lorsque je poussais des cris de terreur dans l'un de ces réduits, personne ne pouvait m'entendre.

L'agitation de mon ego faisait monter mon taux d'adrénaline, ce qui m'amenait à voir un monde toujours sur l'offensive et prêt à attaquer. Bien entendu, je me retrouvais en permanence sur la défensive.

Tel un dieu créé par lui-même, je vivais comme si j'avais été mis dans le monde pour juger, changer, dominer et manipuler les autres. J'essayais de les faire entrer dans des moules de ma propre création et je décidais avec une incroyable vanité qui était digne de mon attention et qui ne l'était pas.

Presque tous les jours, ma vie était remplie des peurs fabriquées par mon ego qui me mettait en garde contre tous les malheurs susceptibles de me frapper. Je me préoccupais de souffrances éventuelles à venir. Mes décisions étaient centrées sur mon moi et provenaient de mes idées sur ce qui pourrait m'apporter un plaisir maximum et ce qui me causerait un minimum de souffrance. Sans m'en rendre compte, je finissais souvent par confondre les deux.

J'étais persuadé que mes malheurs passés prédisaient un futur horrible et, bien sûr, j'agissais continuellement de manière à me donner raison.

Prendre des décisions me paraissait toujours difficile. J'étais obsédé par l'idée de toujours faire un mauvais choix. J'avais donc sur les épaules un énorme poids de culpabilité. Et il n'est pas étonnant que j'aie éprouvé presque toute ma vie des douleurs dans le dos.

Je pensais à tort que tout amour que je recevrais serait assujetti à des conditions et qu'il me serait octroyé selon la qualité et le nombre de mes actes. Je croyais également que mon succès pouvait se mesurer à la nature et au volume de mes possessions matérielles. Je n'avais pas encore appris que je ne pouvais pas être véritablement heureux tant que j'étais spirituellement vide et que je cherchais à *acquérir* plutôt qu'à *donner*.

Il y eut des moments où je pensais que la vie n'était composée que d'épreuves et je faisais de mon mieux pour les surmonter à la force des poignets. J'étais persuadé « de ne pouvoir compter que sur moi-même ».

J'ai pris la voie difficile pour découvrir que les décisions qui visent à satisfaire l'ego n'apportent ni le bonheur, ni la paix, ni l'amour, ni la plénitude. En revanche, elles apportent la tristesse, la déception, les ténèbres, la discorde et le vide.

En 1973, après vingt ans, un mariage au cours duquel étaient nés deux fils finit par un divorce. Cela me rendit amer et dépressif. J'étais submergé de culpabilité. J'avais l'impression de me trouver, impuissant, dans un ascenseur qui allait s'écraser au sol. J'avais perdu le goût de vivre. Je me réfugiai de plus en plus dans l'alcool en m'acharnant à me détruire.

J'essayai toutes sortes de thérapies, conventionnelles et autres. Rien n'y fit. On m'arrêta plus d'une fois pour conduite en état d'ivresse et on faillit me retirer mon permis de conduire et ma licence médicale. La peur et la souffrance m'avaient épuisé. Dieu était la dernière chose au monde qui m'intéressait.

Alors, un miracle se produisit. Jusque-là, le mot *miracle* ne faisait même pas partie de mon vocabulaire. En mai 1975, une amie qui m'était très chère, Judy Skutch Whitson, me téléphona de New York. Elle me parla avec feu d'un manuscrit qu'elle venait de découvrir et qui, à son avis, pourrait changer ma vie. «Cela a trait à Dieu et à la transformation spirituelle», me dit-elle, mais cela ne m'intéressait absolument pas.

Quelques jours plus tard, Judy m'apporta le manuscrit chez moi en Californie. Il était intitulé: *Un Cours sur les Miracles*. Même le titre me déplaisait. Judy insista en me poussant à en prendre connaissance. Je lui répondit avec condescendance: «D'accord, je vais en lire une page mais c'est tout.»

Il s'ensuivit une expérience que je n'ai jamais pu partager totalement malgré des milliers de tentatives. Après la lecture de cette seule page, je me mis à pleurer. Au fond de moi-même une petite voix disait: «Médecin, guéris-toi toi-même. Voilà le chemin qui te ramène chez toi.»

Je ne peux donner qu'une vague idée de ce qui s'est passé ensuite. J'ai senti que l'univers s'ouvrait à moi et je me suis mis à faire partie de tout ce qui était. Il n'y avait aucune séparation et je ressentais clairement que l'essence de mon être était l'amour. J'éprouvais un sentiment de paix et de joie bien au-delà de tout ce que j'avais pu vivre auparavant.

Dans les profondeurs de mon âme, j'avais aussi une impression de tendresse, de douceur et de sécurité, et j'étais intimement convaincu d'être en présence de Dieu. Tout ceci s'accompagnait du sentiment d'être hors du temps. Je sentais qu'à partir de cet instant, toute ma vie changerait. J'allais mener une vie consacrée à Dieu. A cet instant précis, je sus d'une certaine manière que ma vie serait consacrée à donner.

Je n'avais jamais compris ce qu'était une expérience mystique, mais j'eus l'impression d'en vivre une à ce moment-là. Dans mon coeur, j'avais la sensation qu'il m'était donné une direction de vie et que la volonté de Dieu et la mienne allaient devenir une.

En regardant en arrière, je compris que, jusqu'à cet instant, j'avais lutté pour savoir quel scénario j'allais vivre : celui de Dieu ou celui de mon ego. Je compris aussi que j'avais toujours été un combattant solitaire parce que Dieu n'avait jamais fait partie de ma lutte. Je m'étais simplement battu contre moi-même. Aujourd'hui, j'ai l'impression que Dieu attendait patiemment que j'abandonne mes fausses croyances et que je revienne chez moi, à cette Source de toute vie que je n'avais jamais vraiment quittée.

Tout au long de mon étude du *Cours sur les Miracles*, j'ai commencé à comprendre qu'il n'y avait que deux façons de prendre des décisions. Je connaissais déjà la première : ma façon habituelle d'écouter mon ego qui parle de peur et de séparation. La seconde, dont je venais de commencer l'apprentissage, consistait à écouter la voix de Dieu qui repose sur l'amour et l'union.

Avant cela, si quelqu'un m'avait dit que je pouvais prendre des décisions en laissant Dieu me diriger, en choisissant que ma volonté et la sienne soient une, je l'aurais pris pour un fou.

Je me rends compte, maintenant, que j'avais été en recherche toute ma vie, mais sans vraiment savoir ce que je cherchais. Par ailleurs, je comprends à présent que tous les hommes sont des chercheurs de vérité. Nous cherchons tous à découvrir l'éternel et à combler le vide de la séparation et de la solitude que nous nous sommes créés par erreur.

Sur le plan matériel, rien n'avait tempéré l'ardeur de mes désirs. Il ne m'était jamais venu à l'idée que je poursuivais un but qui ne me convenait pas ou que je ne cherchais pas où il fallait. Comme l'ego est habile à nous cacher la vérité ! La complexité de ma peur m'avait maintenu dans les ténèbres et m'avait rendu aveugle à la simplicité de la réponse finale : tout ce qu'il me fallait faire était de laisser disparaître mes attachements au monde extérieur et de pénétrer en moi-même avec confiance.

L'ego riposte

En cheminant et en trébuchant parfois sur la route de mon retour vers Dieu, là où j'habite, je me suis rendu compte que mon ego est particulièrement têtu. Il ne veut pas se rendre et disparaître sans se battre. Lorsque je suis en conflit, je constate fréquemment que j'ai choisi d'être en conflit en laissant l'ego tenir les rênes. Lorsque cela arrive, j'éprouve généralement le désir précis de posséder quelque chose dans mon monde extérieur. Chaque fois que j'abandonne ce désir, il semble qu'un autre désir prend sa place.

Je constate qu'il m'est encore difficile de distinguer entre la voix de mon ego et celle de Dieu. Je ne suis certainement pas un spécialiste de l'écoute intérieure, de l'écoute de mon maître intérieur. Bien souvent, je ne sais pas très bien laquelle des deux voix me dirige.

Dans mes moments de plus grand équilibre, je suis toujours certain d'une chose : ma disposition à ouvrir mon coeur à Dieu. Je veux alors confier tous mes problèmes à Dieu et m'orienter vers l'amour et la paix.

J'ai découvert aussi que mon ego considère la paix de l'esprit comme une ennemie de la pire espèce. Dès que je suis en paix, mon ego fait surgir mille tentations pour rompre cette paix dont il désire se débarrasser.

Je n'ai pas besoin de grand-chose pour subir l'attrait de la culpabilité et de la souffrance. Tout se passe comme si je présentais mes côtés vulnérables à la culpabilité à tous ceux qui peuvent les faire jouer. Où que je sois, je n'ai pas de mal à trouver quelqu'un pour tenir ce rôle.

En une fraction de seconde, mon ego met en place une antenne radar et, poussé par la peur et le sentiment de séparation, je commence à juger les motivations et les comportements des gens qui m'entourent. Je suis alors rempli de doute, de méfiance, de peur, de colère et de sentiments conflictuels.

Mon esprit atteint son plus grand équilibre lorsque je ne suis attaché à rien et que je me rappelle à moi-même que je ne sais jamais ce qui est le mieux pour les autres ou pour moi-même. C'est en ces moments que j'entends le mieux ma voix intérieure.

J'entends mon maître intérieur lorsque je tranquillise mon esprit, lorsque je ne m'attache plus ni à mon passé ni à mon ego, et que je viens à Dieu les mains vides. C'est à ce moment-là que j'éprouve la paix la plus grande.

Je ressens parfois que, plus je m'approche de la lumière, plus mon âme vit des heures sombres. Mon ego est toujours très combatif, mais j'apprends à en assumer la responsabilité. La plupart du temps, bien que je préfère être heureux plutôt que d'avoir raison, je suis encore stupéfait du nombre de fois où mon ego reprend sa place et où je choisis d'avoir raison au prix de mon bonheur et de celui de mon entourage.

Plus je rééduque mon esprit, plus je suis frappé par l'ampleur du caractère illusoire, ambigu et équivoque de mon ego et par le nombre de fois où j'ai fait jouer les autres et moi-même à des jeux d'où chacun sortait perdant. Et j'ai appris que lorsque je suis en colère contre mon ego, les choses ne font qu'empirer.

J'apprends à rester calme dans la détresse, à ne pas maltraiter mon ego et à n'accorder aucune valeur à son bavardage. Il s'apaise lorsque je choisis de vivre seconde par seconde et d'utiliser ces secondes à aider et à aimer plutôt qu'à juger.

S'abandonner à l'amour

Depuis 1975, j'ai consciemment fait l'effort de mettre un terme à ma lutte contre Dieu en m'abandonnant à l'amour. Cet abandon n'est pas facile car il demande de laisser disparaître le moi égotique et de ne plus donner de valeur à la peur et à la séparation. Ce livre parle de cette lutte et de mes efforts continuels pour m'abandonner, pour laisser l'ego derrière moi et pour sortir des ténèbres et entrer dans la lumière.

Il y eut des moments où je me suis réveillé au milieu de la nuit tandis que des paroles me venaient et me rappelaient que, en acceptant l'amour inconditionnel de Dieu, nous pouvons tous vivre une beauté, une joie, une paix et une sécurité merveilleuses. A d'autres moments, j'ai été réveillé par la peur et les cris de mon ego, et ce sont des mots provenant de la folie de mon mental qui sont sortis de moi. Certaines de ces paroles sont venues sous forme de poèmes.

Jusqu'à une date récente, j'ai gardé ces poèmes pour moi, m'en servant seulement pour développer ma propre conscience. Je n'avais pas l'intention de les publier lorsque je les ai écrits.

Ils revêtaient un côté, me semblait-il, enfantin, un peu mièvre et personnel qui me gênait. Pourtant, lorsque j'ai commencé à les utiliser dans mes conférences, je me suis rendu compte que d'autres ressentaient et vivaient exactement ce que je décrivais et se débattaient aussi dans leurs propres nuits de l'âme. J'ai découvert que ces écrits personnels pouvaient redonner force, courage et espoir à certains sur leur chemin spirituel, et c'est pourquoi je vous les propose dans ce livre.

Bien que je lutte encore de temps en temps contre Dieu, je sens que sa lumière devient plus forte et plus permanente dans ma vie et qu'elle me guide hors des ténèbres de mon ego pour me faire entrer dans la Lumière de l'amour de Dieu.

Les secondes de calme et d'amour se sont multipliées, secondes pendant lesquelles je peux pleinement accepter en toute confiance que Dieu m'aime totalement, parfaitement et éternellement. Je commence à voir que je n'ai ni à juger ni à interpréter le comportement des autres ou leurs motivations. Je n'ai nul besoin de juger qui est bon ou méchant, qui doit être blâmé et puni. Je me rends compte qu'il n'y a vraiment aucun danger à abandonner le scénario que j'ai écrit pour m'en remettre au scénario de Dieu.

Je trouve la paix lorsque mon coeur pardonne. Je la trouve lorsque j'aide les autres et que je choisis de voir l'innocence qui se trouve en chacun et en moi-même.

De tout mon coeur, j'espère que vous, lecteur, pourrez tirer profit de mes écrits et de mes idées. J'espère que vous puiserez force, consolation et confiance dans les récits que je vous livre sur les nombreuses personnes qui ont été mes maîtres.

Je suis rempli d'espoir à présent. Et si l'on peut trouver de l'espoir chez un homme comme moi, chez quelqu'un qui pensait que rien ne pouvait l'aider et qui croyait être l'homme le plus coupable, le plus honteux et le plus médiocre du monde, alors soyez tranquille: il y a de l'espoir pour vous.

> Docteur Gerald G. Jampolsky
> Tiburon, Californie
> Décembre 1987

CHAPITRE 1

UNE CARTE DE LA VIE

Quel est ce cancer qui me ronge ?
Cette violente colère qui persiste,
A peine déguisée...
Cette froideur et cette fragilité
Qui suintent de ma peau
Sans crier gare.

Serait-ce la peur,
Rien que la peur ?
N'est-il point de chemin
Vers la paix
Vers la liberté ?

Me suffit-il de le passer
Ce pont du pardon
Pour sentir ma plénitude
Pour sentir mon unité ?

Pourquoi, pourquoi
Tant de résistance
Pour ce qui paraît
Si simple ?

Des obstacles, encore des obstacles.
Est-ce là la vie ?
N'est-elle qu'une suite d'obstacles
Qui me séparent des autres ?

Vais-je enfin m'éveiller ?
Vais-je enfin prendre conscience
Que c'est moi qui mets
Ces obstacles
Entre les autres et moi-même ?

Je les ai façonnés
De ma propre peur de l'amour,
De ma propre peur de Dieu.

Personne ne m'a jamais donné de plan à suivre pour être heureux dans la vie. On ne m'a jamais indiqué l'itinéraire à emprunter pour être un enfant heureux, un adolescent exempt de conflits, un adulte vivant en paix, un père accompli ou avancer en âge dans l'harmonie. Tous les panneaux indicateurs que j'ai pu voir semblaient afficher des directions contraires.

Dans ma vie, si un thème est revenu fréquemment, c'est l'idée que je suis en route, uniquement pour faire un long voyage et revenir exactement à mon point de départ. Je sais que je ne suis pas seul à éprouver cela : nombreux sont ceux qui ont vécu la même chose. Chez moi, les mêmes déceptions n'ont cessé de revenir. J'ai eu en permanence la peur, l'angoisse, la tristesse et le sentiment de ne pas être aimé comme compagnons de route.

C'est comme si l'ego ne cessait de nous dire que nous devons chercher quelque chose dans la vie, mais ne jamais trouver ce que nous cherchons. Pour moi, renoncer à mes vieilles habitudes et à mes anciens schémas de comportement me paraissait presque impossible. Je connaissais davantage le désespoir que la joie de vivre. J'avais beau essayer, je ne pouvais trouver le moyen d'éviter de tourner en rond. Je n'avais pas de plan m'indiquant le chemin du bonheur.

En fait, même si l'on nous donnait la meilleure carte du monde, elle ne servirait à rien si nous n'avons pas conscience de l'endroit où nous sommes ni du lieu où nous voulons aller. Pour que la carte soit utile, il nous faut avoir la notion de ce que nous sommes et de qui nous sommes vraiment. Il nous faut connaître le but du voyage que constitue notre vie et y croire.

Ce sont là des concepts que, comme tant d'autres, j'ai considérés comme allant de soi pendant presque toute ma vie, sans jamais les sonder profondément, sans jamais regarder de près ce que j'avais besoin de faire pour avoir une vie cohérente. Elle était si fragmentée et parfois si confuse que je ne trouvais pas souvent le temps de me pencher sérieusement sur la question.

Indépendamment des apparences extérieures, je n'ai jamais senti que mes objectifs étaient cohérents. Je pense avoir la même expérience que beaucoup de gens : je me sens perdu tout en ne voulant l'admettre ni devant les autres ni devant moi-même. Nous sommes très nombreux à nous sentir comme l'agneau perdu de la parabole. Nous

nous sentons étrangers dans le monde et nous ne savons jamais vraiment où se trouve notre demeure.

Avant de nous mettre en route, il nous faut être sûrs de notre identité et savoir qui nous sommes et ce que nous sommes. Avant de découvrir mon chemin spirituel, j'avais le sentiment que l'ensemble de mon identité était constitué par mon ego, par celui qui, dans ce corps, s'appelle Jerry Jampolsky. J'avais l'impression d'être la totalité de ce que j'avais fait dans la vie et que celle-ci n'offrait rien de plus. Le fait d'être médecin faisait partie de mon identité. Une autre partie était constituée par ma croyance que le corps n'était là que pour un temps limité. Tôt ou tard je mourrais et ce serait la fin de ma vie et de mon identité. Comme beaucoup de gens autour de moi partageaient cette croyance, je ne voyais aucune raison de la mettre en doute.

Au fil des années, la vie m'a montré que nous limitons les autres et nous-mêmes en créant des étiquettes nous classant selon notre travail. Dans le passé, à peine deux minutes après avoir rencontré quelqu'un, je lui demandais : « Que faites-vous ? » Lorsqu'on m'avait répondu « médecin », « conducteur d'autobus », « professeur », etc., je jugeais de sa valeur et cela motivait mon désir éventuel de passer davantage de temps avec la personne.

Je trouvais absurde et illogique la possibilité que mon identité véritable réside dans notre être spirituel, ou que nous soyons l'amour, ou bien encore que notre vraie réalité n'ait rien à voir avec notre vocation, notre corps ou notre ego.

En 1974, une expérience m'apprit qu'il existait peut-être une autre façon d'entrer en rapport avec les autres et avec moi-même. J'étais à un cocktail. N'ayant aucune envie de dire des banalités, je me dirigeai vers un divan inoccupé. Au moment où je m'assis, un homme prit place à côté de moi.

Nous avons tout de suite commencé à parler et passé un merveilleux moment, abordant divers sujets avec sincérité et en allant au fond des choses. Le temps ne comptait plus. Au bout d'un long moment, notre hôtesse vint se joindre à nous. « Je suis très heureuse que vous vous soyez rencontrés tous les deux, dit-elle. Je déduis de votre conversation animée que vous vous appréciez mutuellement. » Nous avons acquiescé.

Nous ne nous étions pas présentés. Il se trouva que cet homme était un pianiste de renommée mondiale. Lorsque notre hôtesse lui dit que j'étais psychiatre, il éclata de rire en disant : « Je déteste les psychiatres. Si vous vous étiez présenté comme tel, je serais probablement parti. »

Je ris à mon tour en lui avouant : « Si j'avais su que vous étiez un musicien célèbre, je me serais senti tellement peu à la hauteur et tellement menacé que je n'aurais pas pu vous parler non plus. »

Il est possible que notre identité ait davantage à voir avec notre coeur qu'avec ce que nous faisons de notre corps dans notre vie quotidienne.

Premiers plans de route

Il est évident que nous apprenons et acceptons de nos parents beaucoup de choses sur notre identité. Cependant, une bonne partie de cette identité se focalise sur la création du plan de route de notre ego pour la vie. En me remémorant mes premières expériences, je constate que je connais mieux mon ego aujourd'hui et que je commence à reconnaître sa voix dans ma vie. Je commence à le voir un peu plus clairement et je peux identifier sa voix de peur et de séparation lorsqu'il claironne à mes oreilles.

Une partie importante de ce qu'il affirme se retrouve dans la mentalité de mes parents qui pensaient qu'hier avait été épouvantable, qu'aujourd'hui était terrible et que demain serait encore pire, et que nous devions donc sans cesse nous tenir sur nos gardes. C'est en écoutant la voix de ce système de croyance que je devins déprimé et désespéré. C'est par ma mère, qui était très protectrice, que j'ai beaucoup appris sur cette partie de mon plan de route.

Parfois, je recevais de mes parents des messages ambigus. Ainsi, lors d'une promenade en voiture un dimanche, nous sommes arrivés en bas d'une forte pente que ma mère estima trop dangereuse à monter. Elle demanda à mon père de s'arrêter pour qu'elle puisse sortir du véhicule et monter à pied; arrivée en haut, elle reprit sa place dans la voiture. Seulement des années plus tard, je me suis rendu compte que, en dépit du danger que cela représentait dans son esprit, ma mère nous avait tous laissés monter cette côte en voiture.

Je me rappelle également que mes parents me disaient toujours de me dépêcher. Peu importait ce que je faisais, que je m'habille, que je prenne un bain, que je déjeune ou que j'aille à l'école, je n'allais jamais assez vite. Je me souviens particulièrement bien des dîners en famille. Nous étions cinq à table et tout était précipité. Les plats tournaient rapidement, la nourriture était répartie dans nos assiettes à la hâte et nous mangions aussi vite que possible. C'est en partie à cause de cette expérience que j'ai intégré le « concept de précipitation » dans mon plan de route. Je parcourais mes journées à toute allure en n'étant jamais bien sûr de savoir si je courais pour atteindre une chose ou pour m'en éloigner, et si je connaissais la raison pour laquelle je me dépêchais tant. Mon ego m'incitait à aller vite, mais il m'apportait rarement de bonnes raisons de le faire.

Enfant, je ne tenais jamais en place, je remuais sans cesse; on me qualifierait aujourd'hui de *suractif* ou d'*hyperactif*. Et si j'avais une orientation à prendre, je choisissais toujours la mauvaise. En regardant en arrière, j'ai l'impression que je passais mon temps à faire des dégâts et à me heurter à des obstacles. Tout cela m'a inspiré une autre facette de mon plan de route : le sentiment d'être un lourdaud maladroit, sentiment que mon moi égotiste n'était que trop content d'adopter.

Je laissais toujours des traces dans mon sillage et j'ai certainement dû affoler mes pauvres parents. Je ne marchais jamais lorsque je pouvais courir et je passais mon temps à me cogner et à me perdre. La frénésie de mon énergie était difficilement supportable pour la plupart des gens de mon entourage.

Mes parents étaient tous deux des immigrés. Ils ont vécu pratiquement comme leurs parents, en travaillant très dur et en se faisant presque constamment du souci. Leur identité personnelle consistait en grande partie à sacrifier presque tout pour leurs enfants. Aujourd'hui, je dirais qu'ils se sont voués à la souffrance. S'il ont connu la paix et le bonheur, ce ne fut que brièvement et par intermittence. Je suis certain qu'ils avaient l'impression que leur amour était proportionnel aux sacrifices consentis pour leurs enfants.

Pendant de nombreuses années, j'ai perçu mes parents comme des gens dont l'identité était construite sur des sentiments d'impuissance et menacée par leur conviction que le pire allait encore se produire. Ils me mettaient toujours en garde contre les dangers et le caractère hasardeux des choses que je voulais entreprendre. Et quand elles ne tournaient pas comme je voulais, ils me rappelaient de nouveau que je devais m'attendre au pire et m'y préparer. C'est ainsi qu'ils m'ont aidé à créer ma réalité, basée sur des perceptions imposées par leur ego et dans laquelle leurs plus terribles prédictions se sont réalisées.

Cela ne veut pas dire que nous n'avons pas connu de bons moments. Le week-end, nous allions tous pêcher sur une jetée non loin de chez nous. En été, nous campions. Au parc national Yosemite, il se produisit un incident qui reste gravé dans mon esprit comme particulièrement typique des injonctions de ma famille à simultanément me dépêcher, avoir peur et faire attention.

Chaque fois que nous campions, nous montions deux tentes. Nous dormions dans l'une et nous entreposions les provisions et les ustensiles de cuisine dans l'autre, pour éviter les ours que toute odeur de nourriture attire. Mes parents nous avaient toujours inculqué que les ours étaient très dangereux et qu'il nous fallait faire très attention.

Une nuit, nous fûmes réveillés par un ours qui était entré dans la tente des provisions. Comme elle se trouvait à côté de celle où nous dormions, ce fut la panique. Tout le monde criait de se dépêcher de s'habiller et de courir vers la voiture où nous serions à l'abri. J'attrapai mon pantalon, l'enfilai aussi vite que possible et, à ma grande horreur, me coinçai le pénis dans la fermeture Eclair!

Pendant que tout le monde hurlait que l'ours allait nous attaquer si nous ne nous dépêchions pas, mon père et mes frères m'aidèrent à m'extirper des griffes de la fermeture. Le temps que nous sortions de la tente, l'ours était parti, probablement chassé par le vacarme que nous avions fait. Aujourd'hui, je repense à cette expérience avec humour, mais elle constitue pour moi un très bon exemple de la façon dont la précipitation et la prévision permanente d'un danger imminent peuvent à elles seules causer un désastre.

Ayant commencé par adopter le système de pensée de mes parents, je vivais sous tension et je me sentais la plupart du temps fatigué et en danger. Le bonheur n'avait aucune place dans cette conception de la vie. Je me sentais coupable de mon passé et j'appréhendais le futur. Dans un tel contexte, il me restait peu d'espace pour vivre au présent. Et si je me surprenais à vivre dans le présent, j'avais l'impression de ne pas mériter le bonheur que je pouvais alors ressentir.

L'identité de mes parents était construite autour de la Culpabilité avec un C majuscule. Lorsque je ne contrariais pas mon père, je faisais de la peine à ma mère. Au cours de mon adolescence, je pensais que ma famille avait le monopole de la culpabilité. J'adoptais la perception de mes parents selon laquelle le but de la vie était d'apprendre à souffrir et à survivre dans un monde de peur où, chaque jour, une personne ou une situation allait être source de menace ou d'attaque. Dans le monde de mes parents, les mauvaises nouvelles étaient montées en épingle et les bonnes pratiquement ignorées.

Il n'est pas étonnant que l'une des premières indications portées sur mon plan de route ait été que je devais imiter mes parents et devenir un bourreau de travail. Cela devint l'un des plus forts aspects de mon ego. L'une des premières applications pratiques de cette éthique était que je devais travailler aussi dur que possible pour avoir une bonne éducation afin d'acquérir tous les biens matériels que mes parents n'avaient jamais pu posséder. Je n'appris qu'à l'âge adulte que j'étais dyslexique, ce qui m'avait rendu la scolarité traditionnelle très difficile.

Une partie du jeu que j'ai appris à intégrer à mon ego consistait à ne jamais faire confiance à quelqu'un tout de suite et à n'accorder le bénéfice du doute à personne. Dans ma famille, ce qui avait de loin le plus de valeur était la fierté, l'image que vous donniez et ce que les autres pensaient de vous.

L'une des choses les plus difficiles que nous devons tous apprendre dans la vie est quel plan de route suivre. Nous avons tous les jours des décisions à prendre dans tous les domaines.

Comme la plupart d'entre nous considèrent que la vie et le mental sont compliqués, nous trouvons qu'il est compliqué de prendre des décisions. L'ego excelle à nous cacher la simple vérité : chaque décision est fondée soit sur l'amour, soit sur la peur. Il tente également d'occulter le fait que toutes nos décisions ne peuvent engendrer que l'un des deux effets suivants : la joie ou la tristesse.

J'ai passé la plus grande partie de ma vie à penser à tort que toutes mes décisions devaient se baser sur ce que j'avais appris de mes expériences passées. En me fondant sur mon passé, j'ai consacré plus de temps que je ne l'aurais souhaité à décider en qui je devais avoir confiance et qui pouvait devenir un ennemi. Je pensais que toute décision reposait sur la peur et je ne me rendais pas compte qu'une décision pouvait se baser sur l'amour.

Je perçois mon enfance comme une période où mes parents basaient quatre-vingt-dix-huit pour cent de leurs décisions sur la peur. Durant la majeure partie de cette période, ils décidaient pour moi et ne me laissaient aucun choix. Plus tard, dans les rares occasions où l'on me permettait de décider, j'étais pris de panique et j'avais la certitude que toute décision que je prendrais serait mauvaise. Bien entendu, j'accomplissais généralement ces prophéties négatives, prouvant au monde et à moi-même que mes pires craintes étaient justifiées.

Chaque week-end, notre famille avait un rituel. L'après-midi, nous faisions une promenade en voiture et, en début de soirée, nous allions au cinéma. La manière dont nous choisissions le film est significative. Notre attirance pour la culpabilité et la souffrance était si forte qu'au moment de décider, aucun de nous ne pouvait dire quel film il voulait voir car cela l'aurait conduit à se sentir coupable. Chacun de nous essayait de se décider selon ce qu'il supposait plaire au reste de la famille. Nous finissions généralement par aller voir un film qui ne tentait personne. Nous vivions ensemble, mais dans une communauté de souffrance.

Sans cartes
Dans le monde, il semble y avoir beaucoup de controverse sur les décisions que nous devons prendre ou la carte que nous devons suivre. D'une manière ou d'une autre, nous dépensons pour la plupart d'étonnantes quantités d'énergie à chercher à prendre des décisions visant à satisfaire les désirs que nous percevons au moyen de nos sens physiques. Quand bien même nous atteignons ces buts, notre satisfaction ne dure pas. Nous finissons toujours par nous sentir frustrés.

En dépit de nos frustrations, nous continuons à rechercher les plaisirs du monde extérieur, ce qui nous lie progressivement aux choses matérielles qui, finalement, nous semblent incapables de nous apporter un bonheur et une paix durables.

Dans mon itinéraire de vie, comme tant de gens, je me suis fixé de nombreux buts souvent contradictoires et j'ai essayé de jongler avec eux. Par exemple, je voulais être un mari et un père dévoué, mais je voulais également être un médecin qui consacrait tout son temps à ses patients. J'avais donc l'impression de négliger mes patients lorsque je passais du temps avec ma famille et d'être un mari et un père négligent lorsque je m'occupais de mes patients.

Mes buts changeaient si rapidement que, souvent, je ne savais plus ou j'en étais et j'oubliais mes objectifs les plus immédiats. J'en arrivais même à oublier la direction que je pensais suivre. C'était comme si j'avais rassemblé des morceaux de nombreuses cartes différentes et tenté de les mettre ensemble. Mais, soit les destinations auxquelles conduisaient ces cartes n'avaient aucun sens, soit je suivais un chemin pendant un court moment, pour m'apercevoir qu'il ne me conduisait nulle part.

J'ai la certitude que notre état d'esprit véritable est la plénitude, ne contenant rien d'autre que la pureté de l'amour. Dans cet état, nos esprits sont unis, ne faisant qu'un, et nous nous sentons à jamais aimants, à jamais aimés et à jamais purs. Lorsque nous nous coupons de l'amour et de Dieu, nous commençons à nous penser indépendants de Dieu et du monde qui nous entoure, seuls et séparés. Cette partie de l'esprit qui est séparée constitue l'ego, rempli de pensées basées sur la peur et la culpabilité, qui laissent bien peu de place à l'amour.

J'ai passé une bonne partie de ma vie à écouter la voix de mon ego et à m'empêcher d'avoir conscience de la présence de l'amour, de la voix de l'amour. Mon attachement à la culpabilité étouffait tout simplement cette conscience. La peur et la culpabilité sont tellement liées qu'on ne peut les séparer. L'amour et la culpabilité ne peuvent exister simultanément, et il en va de même pour l'amour et la peur.

Lorsque j'écoute la voix pleine de peur et de culpabilité de mon ego, elle dit à peu près ceci : « Tu ne sais pas ce que tu fais ni comment prendre une décision. Chaque fois que tu en prends une, c'est la mauvaise. Tu as déjà eu de multiples échecs et tu vas continuer à en avoir. Par ailleurs, tu devrais avoir honte de toutes les horribles choses que tu as faites dans le passé. Tu es un pauvre type. Tu mérites de souffrir et d'être puni. Vas-y, recommence à t'attaquer et à te faire du mal. Reconnais que tu es perdu dans la vie. Tu as tout gâché et tu n'as aucun moyen de te sortir de cette montagne d'ordures que tu as créée. De là où tu es, tu ne peux aller nulle part. »

Vous avez peu de chance d'entendre la voix de l'amour lorsque de telles pensées tempêtent dans votre esprit comme le tonnerre et l'éclair, vous rendant sourd à toute autre voix. De plus, comme si cela ne suffisait pas, mon ego me dépeint comme la victime du monde que je vois et m'affirme que la cause de tous mes problèmes n'est pas en moi. Il ne veut pas que je me sente responsable de quoi que ce soit; il veut toujours que j'accuse autrui.

Les panneaux indicateurs figurant sur la carte de mon ego sont l'anxiété, le doute, l'incertitude, le conflit et mon droit à la colère.

La carte de l'ego se base sur l'« obtention » et nous conduit à de nouvelles illusions. La carte de l'amour, au contraire, se base sur le « don » et nous mène à la paix de l'esprit.

Aujourd'hui, le monde est dans la tourmente. Beaucoup de gens meurent de faim et le spectre de la destruction nucléaire ne cesse de hanter la planète. Où que nous regardions, il y a des exemples que peut utiliser l'ego pour justifier son point de vue selon lequel le monde est un lieu épouvantable qui justifie pleinement la peur. Or, en voyageant à travers le monde, je trouve des preuves d'une renaissance spirituelle. J'entends les gens dire qu'il doit y avoir une autre façon de voir le monde; une meilleure façon de voir le monde est une nécessité. Les gens commencent à douter des valeurs qui ont emprisonné l'humanité pendant de nombreux siècles.

Il est possible que nous découvrions enfin que l'itinéraire conduisant à la paix est intérieur et que nous avons dans nos coeurs un guide pour nous aider dans notre voyage. Ce guide nous dit comment atteindre un état d'esprit et une attitude de coeur dans lesquelles il n'y ait qu'amour et joie, sans culpabilité, sans peur et sans colère.

En vérité, nous n'avons de choix qu'entre deux cartes : l'itinéraire de l'amour et l'itinéraire de l'ego. Chaque décision que nous prenons dans notre vie se base sur l'une de ces deux cartes.

La destination de l'itinéraire de l'amour, basé sur le Dieu d'amour et l'amour de Dieu, est la paix éternelle, la joie éternelle et le bonheur éternel. Son seul but est la paix intérieure. Chaque route sur la carte mène à des ponts de pardon, à des ponts que chacun doit franchir s'il veut faire l'expérience du bonheur. Toutes ces routes sont pleines de lumière.

A l'opposé, l'itinéraire de l'ego est basé sur les faux dieux de la peur. Toutes ses routes mènent à des ponts de pardon refusé. Lorsque nous franchissons ces derniers, nous atteignons les destinations choisies par l'ego : des lieux de conflit, de colère, de doute et de tristesse. Toutes les routes de cette carte sont remplies de ténèbres.

Se rappeler les choix

Nous rappeler que nous avons des choix à faire demande du travail. Il nous faut une certaine discipline et de la bonne volonté pour nous rééduquer l'esprit afin de pouvoir désapprendre une bonne partie de ce que nous avons appris et estimé. Tout dans la vie dépend des pensées que nous choisissons de garder dans notre esprit et de la bonne volonté que nous mettons pour changer notre système de croyance.

Nous sommes vraiment libres de choisir l'itinéraire de l'amour, de croire et, finalement, de savoir que notre identité véritable n'est pas physique mais spirituelle. Il nous est possible de nous détourner du système de croyance limité de notre ego et de choisir de croire que nous sommes amour et que cet amour est l'essence de notre être. Nous pouvons choisir de croire que notre vraie demeure se trouve dans le Coeur de Dieu et que nous ne sommes jamais vraiment partis de chez nous, quelles que soient les apparences.

Il appartient à chacun de nous de savoir quelle carte il va prendre pour guider son voyage. Personne ne peut faire ce choix pour nous. Choisissons-nous l'amour ou choisissons-nous la peur ?

J'ai vu une mauvaise herbe aujourd'hui,
   belle et majestueuse,
      comme la plus parfaite
         des fleurs.

Se peut-il que la Vie
   dépende vraiment et entièrement
      de la façon dont nous choisissons
         de la percevoir ?

CHAPITRE 2

LES PREMIERES ANNEES DE MON EGO

*J'ai appris aujourd'hui que
lorsqu'un étau me serre la poitrine
et que mon souffle se fait court,
j'ai des larmes au-dedans
qui doivent devenir
des larmes au-dehors.*

L'itinéraire de vie que nous choisissons presque tous est imposé par la carte de l'ego. La meilleure façon que je connaisse de montrer comment cela fonctionne dans notre vie est de prendre ma propre vie comme exemple. Ce faisant, je vous montrerai combien ma vie a changé lorsque j'ai commencé à apprendre à suivre la carte de l'amour.

Ma lutte contre Dieu a commencé très tôt dans ma vie et elle recommence chaque fois que je juge et blâme les autres, ou que je me condamne moi-même. La bataille renaît chaque fois que je garde en moi de la colère ou de la rancune contre quelqu'un, chaque fois que je refuse mon amour à autrui ou à moi-même. Mon passé est rempli d'expériences au cours desquelles j'ai eu ces attitudes et éprouvé ces sentiments.

Lorsque vous voulez quelque chose à tout prix et que vous ne l'obtenez pas, toutes les conditions sont requises pour que l'ego s'active. Ce dernier constitue la partie de l'esprit qui se focalise sur les besoins du corps et de la personnalité. C'est la partie de l'esprit qui brise notre union avec le moi spirituel. L'ego se nourrit de frustrations et son impact sur notre vie est amplifié par la peur et la culpabilité qu'il crée. Il crée aussi l'illusion (et c'est vraiment une illusion) selon laquelle il y a une cassure entre Dieu et nous, même si, en réalité, une telle cassure est impossible.

Je me souviens encore de ma première rencontre consciente avec mon ego et ma lutte contre Dieu commença peut-être à ce moment-là. J'avais à peu près quatre ans. Mon frère se préparait à sortir avec des amis et je voulais l'accompagner. Mais il n'avait pas envie de me traîner et ma mère prit son parti. Je me rappelle ma frustration, ma colère et mes larmes. Je ne connaissais pas le sens du mot « reproche » à cette époque, mais ce fut mon premier vrai « reproche » envers autrui.

J'étais furieux contre ma mère et contre mon frère. Dans mon esprit, ils étaient la cause de mon chagrin. Bien que je sois certain de n'avoir pas davantage connu à l'époque le mot *victime* que le mot *reproche*, je suis pourtant sûr d'avoir eu le sentiment d'être victime et de sentir que ma colère était totalement justifiée. Dès ce jeune âge, j'adoptai les enseignements du monde qui m'entourait ; j'appris l'un des principes de l'ego selon lequel, si quelque chose ne va pas dans votre monde, il vous faut trouver quelqu'un ou quelque chose à blâmer.

Je suis confondu lorsque je vois le nombre de fois où, enfant ou adulte, je suis retombé dans le même vieux schéma de comportement. J'ai cru à la loi de l'ego selon laquelle si l'on veut quelque chose et qu'on ne l'obtient pas, on doit se sentir frustré. Et si le sentiment de frustration se prolonge, il faut se mettre en colère, accuser les autres et rester dans sa colère.

Comme je l'ai déjà dit, mon père et ma mère venaient de familles où la peur et l'agitation dominaient et où chacun travaillait très dur. Nous avions, mes deux frères et moi-même, de nombreuses corvées à effectuer à la maison et, pendant les vacances, nous travaillions au magasin de nos parents. Par ailleurs, je faisais du porte-à-porte pour vendre des revues telles que *Liberty* ou le *Saturday Evening Post*. Nous avions très peu de moments de détente. Il y avait toujours à faire et tout n'était que précipitation, vitesse et urgence.

Mes parents croyaient que, pour mener à bien une tâche, il fallait l'exécuter soi-même et ne rien déléguer à personne. Par exemple, ils n'eurent jamais totalement confiance en leur banque. Ils avaient bien un compte, mais n'y déposaient jamais tout leur argent. Ils nous apprenaient à ne rien dire aux gens avant de les connaître assez pour leur faire confiance.

Ils se considéraient comme religieux, mais nous n'assistions presque jamais à des offices. Dieu ne semblait pas avoir grand-chose à voir avec la manière dont quelqu'un traversait la vie.

Mon père n'ayant reçu aucune éducation traditionnelle et celle de ma mère étant limitée, ils tenaient à ce que leurs enfants réussissent à l'école. Je pense parfois qu'ils se souciaient tellement de mon éducation que, s'ils avaient pu, ils m'auraient mis à l'université de Harvard alors que j'étais dans le secondaire.

Mes frères Les (de neuf ans mon aîné) et Art (six ans de plus que moi) étaient de brillants élèves. Lorsque, des années après eux, j'entrai dans les lycées qu'ils avaient fréquentés, mes professeurs s'attendaient à ce que je fasse aussi bien qu'eux. Quelle déception! Et cela non seulement pour mes professeurs, mais aussi pour mes parents et moi-même.

J'eus mon premier sentiment d'échec en maternelle. Tous mes camarades passèrent en primaire, sauf moi. Je suis sûr qu'on me fournit des explications avec gentillesse, mais je ne me souviens que du sentiment de ne pas être intelligent. J'étais extrêmement timide et je semblais immature, craintif et très peu sûr de moi.

Un jour, en maternelle, on me donna un mot à ramener à la maison. Je devais participer à la fête de Noël et ma maîtresse demandait à mes parents l'autorisation de me faire chanter dans la chorale.

A la répétition générale, le professeur de musique fit le tour de la pièce pour chercher celui qui chantait faux. Elle le trouva rapidement. C'était moi. Elle me demanda poliment de me borner à faire semblant de chanter lors de la représentation et de n'émettre aucun son. Mon ego se montra alors en force et je découvris le sentiment d'être rejeté. J'avais l'impression qu'une énorme pince me serrait l'estomac et le fond du coeur. Ma peur et mon ego me disaient de m'habituer à cette douleur car j'allais la ressentir à maintes et maintes reprises.

Les choses empirèrent lorsque j'entrai enfin dans le primaire. J'étais incapable d'apprendre à lire ou à épeler. Je ne faisais que des erreurs.

Les maîtres répartirent les élèves en groupes selon leur niveau. Pour dissimuler cette hiérarchie dans la réussite et empêcher que les enfants ne pâtissent de systèmes de discrimination trop apparents, ces groupes reçurent des noms tels qu'« oiseau bleu », « oiseau noir » et « oiseau rouge ». Néanmoins, tout le monde connaissait la signification de ces noms et je savais bien que je me trouvais dans le dernier groupe.

J'avais du mal à suivre. Je n'avais pas de mémoire séquentielle et j'étais incapable de mémoriser plusieurs choses à la fois. Mes professeurs et mes parents me disaient que j'étais paresseux et non motivé.

C'est seulement en faculté de médecine que je me suis rendu compte que j'étais dyslexique, ce qui est un handicap important pour les études.

Mes parents n'avaient jamais à s'inquiéter des notes de mes frères à l'école. Ils étaient bons élèves. Mais pour moi, l'école représentait une véritable bataille. Je suis sûr que mes parents ne comprenaient pas plus que moi pourquoi j'obtenais de si mauvais résultats. Ils ne pouvaient rien faire de plus que d'accentuer encore la pression sur moi pour que j'arrive à de meilleures notes. Ce n'était sûrement pas ce qu'ils pensaient, mais cette pression signifiait pour moi : *Nous t'aimerons beaucoup si tu as de bonnes notes à l'école; nous t'aimerons moins et peut-être plus du tout si tu en as de mauvaises.*

Comme cela se produit si souvent dans les études, ainsi que dans la vie de famille, j'appris au moins quelque chose, qui est encore une loi de l'ego : la réussite est une condition préalable à l'amour.

J'avais une idée claire de ce qui conditionnait l'amour. A cause de mes résultats, je ne le méritais pas. Comme j'étais maladroit et hyperactif, il semblait qu'en dépit de mes efforts, ce que je faisais me valait toujours des réactions négatives.

Comme mon ego était pleinement impliqué, je me suis vite habitué à la façon dont le monde des adultes me mesurait et m'évaluait. Puisque ce monde m'attaquait à cause de mes piètres résultats, j'ai rapidement appris à m'attaquer et à me condamner moi-même.

Je me rappelle ce que j'ai appris sur les mensonges dans mon enfance. Pour moi, c'était très compliqué. Je me souviens en particulier d'un jour où ma mère me faisait un sermon sur l'honnêteté. A ce moment-là, on sonna à la porte. Ma mère me demanda de dire au visiteur, quel qu'il fût, qu'elle n'était pas là. Je lui répondis naïvement : « Mais c'est un mensonge ! » Elle répliqua : « Ce n'est pas du tout un mensonge. C'est un *mensonge honnête* et les mensonges honnêtes ne sont pas mauvais parce qu'ils ne font de mal à personne. »

J'ai commencé à apprendre que mes parents étaient humains et qu'ils ne mettaient pas toujours en pratique leurs sermons. J'ai aussi commencé à comprendre qu'ils avaient très peu confiance en eux-mêmes. Pendant tout ce temps, mon ego m'apprenait à douter des autres, de moi-même et de Dieu.

A l'école des lois du monde

A cinq ans, j'ai découvert que rien ne durait pour toujours. Le concept de la mort n'était pas encore entré dans mon esprit et je ne concevais probablement pas l'existence de la mort.

Nous avions un voisin, qui avait été malade pendant un certain temps. Un jour, je me suis aperçu que je ne l'avais pas vu depuis un moment et j'ai demandé à mes parents où il était. Ils me dirent qu'il était mort.

Ils m'expliquèrent qu'il était monté au *ciel*, mais cela ne me convainquit pas et je me retrouvai avec la pensée que je mourrais un jour et que ce serait la fin pour moi. Je ne serais plus avec mes parents et ma famille. C'était tellement affreux que j'enfouis cette pensée au fond de mon esprit pendant de nombreuses années.

Enfant, j'étais très perplexe sur les rôles respectifs de l'homme et de la femme; cette perplexité se prolongea dans ma vie adulte. En regardant en arrière, je vois que j'ai toujours eu peur des relations intimes avec des personnes du sexe opposé. Les rares fois où j'ai décidé d'avoir une relation intime avec une femme, j'ai toujours choisi des femmes qui ressemblaient à ma mère. Quant à mes amis masculins, j'en avais toujours beaucoup superficiellement, mais je laissais rarement un homme devenir un ami véritable.

Adolescent, je me dissimulais tellement pour empêcher le monde de savoir qui j'étais que je ne le savais pas moi-même. Ma vie était pleine de contradiction et d'hypocrisie.

L'une des plus grandes contradictions fut que, tout en étant extrêmement timide, j'étais à la tête de l'équipe des supporters de mon université. Ce n'était qu'une de mes manières d'essayer de couvrir le fait que, dans cette coquille appelée corps, se trouvait quelqu'un de particulièrement stupide et incompétent.

J'étais aussi très obéissant, ou du moins j'essayais de l'être, et je passais hélas beaucoup de temps à faire mon possible pour être un enfant obéissant. Il m'était difficile de prendre des risques ou une décision; en fait, mes parents prenaient la plupart de mes décisions pour moi.

A seize ans, quand mon ami mourut dans un accident de voiture, je pris pour la première fois une décision importante. Ma foi en Dieu était déjà pratiquement inexistante et cette mort absurde me donnait une preuve supplémentaire pour ne plus croire en Dieu. Je pris la décision de ne plus jamais assister à un office religieux. Pour la première fois de ma vie, mes parents ne purent me faire changer d'avis.

Cette décision ne m'a apporté ni satisfaction ni tranquillité d'esprit. Au contraire, j'étais rempli de colère, de rancune et de sentiments conflictuels.

Malgré la confusion engendrée par de nombreux messages provenant de l'ego, je me rends compte maintenant que, même alors, ma direction intérieure était présente. Je me souviens d'une rédaction dans laquelle je devais écrire ce que je voulais faire dans la vie. Ma grammaire et la construction de mes phrases laissaient à désirer, mais la maîtresse me félicita de la sincérité du contenu.

Dans cette rédaction, je racontais que je voulais devenir médecin et agir en aidant les autres.

Même à cette époque, j'étais guidé pour devenir psychiatre. Je soupçonne qu'en devenant psychiatre, je voulais m'aider moi-même en apprenant à connaître et à aider l'enfant en moi. Quand j'y réfléchis, je pense qu'une part de ce qui m'a influencé dans ce domaine venait de ma mère. Durant mon adolescence, il y avait une émission de radio intitulée *Ask Mr. Anthony*. Il s'agissait de l'une des premières émissions durant lesquelles les auditeurs téléphonent pour demander des conseils sur des problèmes de leur vie. C'était l'émission préférée de ma mère et elle l'écoutait souvent. Elle a peut-être été, d'une certaine manière, un guide de vie pour ma mère et pour moi.

La vie est pour l'ego un jeu de cache-cache.
Nous nous cachons l'amour qui est en nous,
Puis nous le cherchons à l'extérieur
   Où il est toujours introuvable.

CHAPITRE 3

LA LUTTE CONTINUE

> Tout comme le silence est la marque de Dieu,
> le bavardage, le bruit et les affaires du monde
> sont la marque de l'ego.

C'est dans les premières années de l'âge adulte que ma lutte contre Dieu atteignit son point culminant. Mon ego me persuadait que le monde était un lieu de grande souffrance et j'avais de plus en plus peur d'être rejeté. En suivant mon itinéraire fragmenté et souvent conflictuel, j'avais un mode de vie qui ne cessait d'illustrer la vérité selon laquelle *il vous arrive ce à quoi vous vous attendez*. J'avais la conviction que si un malheur devait arriver à quelqu'un, ce quelqu'un serait moi.

Alors qu'une partie de mon esprit niait Dieu, une autre partie en moi avait l'impression que Dieu me punissait pour toutes mes mauvaises actions. Je croyais également que j'étais puni pour des choses que j'avais faites sans même le savoir.

Il n'y a aucune place dans notre coeur pour la paix et l'amour lorsque l'ego nous demande de valoriser la colère et la haine. Dès que nous acceptons de croire que nous sommes des victimes, la peur et la colère dominent notre vie. Dans les premières années de ma vie d'adulte, je me trouvais sans cesse dans des situations qui, du moins à mes yeux, confirmaient le fait que j'étais une victime et que ma colère était non seulement logique mais salutaire. Lorsque la colère semble justifiée, nous pouvons au moins être sûrs d'une chose: la paix de l'esprit n'est pas notre but. Au cours de ma vie, j'ai passé beaucoup de temps à chercher à justifier ma colère. Si vous cherchez bien, vous pouvez en trouver la justification chaque fois que quelqu'un ne vous donne pas ce que vous voulez et chaque fois que les choses ne se passent pas comme vous l'entendez. Alors que je pensais désirer avoir l'esprit en paix, à maintes et maintes reprises mes actes ont prouvé que ce n'était pas là mon but.

Sommes-nous ici pour aider ou pour tuer?

La Seconde Guerre mondiale arriva tout juste un an avant la fin de mes études secondaires. J'avais dix-sept ans et j'étais en âge d'être appelé sous les drapeaux. J'étais terrorisé à l'idée d'avoir peut-être à tuer quelqu'un ou à être tué. La notion de guerre me paraissait insensée, tellement insensée que j'envisageais sérieusement d'être objecteur de conscience, même si je savais qu'une telle décision me vaudrait d'être considéré comme un mauvais patriote et entraînerait colère et rejet de la part de presque toutes mes connaissances.

C'est à peu près à cette période que certains de mes amis et moi-même avons entendu parler du programme V-12 de la Marine, qui avait été institué pour que des étudiants poursuivent leurs études de médecine tout en devenant officiers. Cela semblait résoudre mes problèmes en me permettant de continuer mes études tout en me rendant utile et sans aller au front.

Après quelques difficultés, je fus admis dans ce programme et envoyé à l'Université de Californie à Berkeley pour une formation prémédicale. Plus tard, on m'envoya à l'Université Médicale de Stanford. J'avais très peur de ne pas réussir les études préparatoires et j'étais en partie persuadé que j'allais échouer. C'est là que je découvris finalement que mes difficultés pour lire étaient dues à de la dyslexie. Toutefois, d'une manière que je ne m'explique toujours pas, je me suis débrouillé pour m'en sortir. Ce fut peut-être le fait d'une forte détermination, trait de caractère que j'avais appris de mes parents et dont je leur suis reconnaissant.

En 1944, je fus affecté à un hôpital de la Marine près d'Oakland et c'est là que j'appris encore une leçon concernant la manière dont nos pensées créent notre réalité. Je travaillais au service des malades mentaux. Ma tâche principale consistait à faire des lavements et à nettoyer les sanitaires pour l'inspection du samedi passée par le commandant. Celui-ci avait un gant blanc avec lequel il effleurait chaque objet. S'il y trouvait de la poussière ou de la saleté, notre permission de week-end était supprimée. Inutile de dire que j'ai passé la plupart de mes week-ends à l'hôpital.

CHAPITRE 4

LES LOIS DE PENURIE

La possession est la loi de l'ego,
qui sans fin désire s'approprier
les gens et les choses.

En 1953, j'épousai Pat Powell. Vingt ans plus tard, nous divorcions. Les années qui suivirent ce divorce ne furent pas faciles ni pour l'un ni pour l'autre. Il nous fut dur à tous les deux de nous libérer d'anciennes blessures et nous avons chacun eu fort à faire pour restaurer l'amour et l'harmonie dans notre relation.

Je suis heureux de dire qu'aujourd'hui, les tensions du passé ont disparu entre nous. Nous nous respectons et nous nous aimons beaucoup. Les critiques et les reproches se sont évanouis.

Il n'y a pas longtemps, au cours d'un déjeuner, Pat m'a montré des photos qu'elle venait de prendre de Jacquelyn Armour Jampolsky, notre première petite-fille.

Je lui ai fait voir une première ébauche de mon nouveau livre en lui demandant ce qu'elle en pensait et si elle était d'accord pour que j'y parle de notre vie commune. Pendant que nous en discutions, je me disais combien nous avons été l'un pour l'autre de merveilleux maîtres pour nous apprendre mutuellement le pardon et l'acceptation. Nous avons tous deux la conviction que nous resterons des amis de coeur pour la vie en étant toujours là l'un pour l'autre dans les bons moments comme dans les moments difficiles. Il est clair que nous voulons vraiment l'un pour l'autre ce qu'il y a de meilleur.

Je suis profondément reconnaissant de cette guérison entre nous. Il y eut un temps où je n'aurais jamais imaginé qu'elle puisse se produire.

La lutte que j'ai menée durant mon mariage et mon divorce m'a appris que l'une des lois fondamentales de l'ego est la loi de pénurie. Dans les relations, cette loi implique que vous avez été mis sur terre avec un certain manque et que vous êtes supposé trouver une personne capable de combler ce manque. Vous nouez votre relation pour pouvoir vous sentir complet.

Après mon internat à Boston, je suis retourné à San Francisco où je fus d'abord assistant, puis résident principal, au service neuropsychiatrique de l'hôpital Stanford-Lane.

Bien que prenant rapidement confiance en moi comme médecin, je continuais à être timide en société et j'avais bien des difficultés, même pour demander à quelqu'un de passer une soirée avec moi. Ma peur d'essuyer un refus m'arrêtait toujours. C'est alors que j'ai rencontré Pat.

Il me fallut beaucoup de courage pour l'inviter à sortir avec moi et je fus plus que surpris lorsqu'elle accepta. Pat était tout ce dont j'avais pu rêver chez une femme. Elle était à mes yeux la plus belle que j'avais jamais rencontrée. Elle était extrêmement intelligente et, ce qui comptait le plus, elle se souciait vraiment des gens.

Pat était orthophoniste à l'hôpital pour enfants d'Oakland; elle avait aussi une clientèle privée. Je ne connaissais personne de plus cordial qu'elle, sa compagnie m'était douce et nous avions beaucoup de choses en commun. Nous faisions fréquemment des pique-niques et de longues promenades sur la plage. Nous aimions la nature, nous aimions être seuls ensemble et nous adorions danser.

Nous sommes tombés follement amoureux l'un de l'autre. Je ne m'étais jamais permis d'être si proche de quelqu'un et c'était la première fois que je me sentais vraiment épris. La cour que nous nous faisions l'un l'autre avait aussi ses moments d'orage. De temps en temps, lorsque l'intimité grandissante de notre relation commençait à me faire peur, je créais des disputes ou je m'en allais.

Je m'étonnais de voir qu'elle appréciait vraiment ma compagnie. Mon ego était satisfait car je me considérais toujours comme un vilain canard boiteux et voilà qu'une femme ravissante et intelligente avait un penchant pour moi. Mon ego, qui m'avait conduit à ressentir un grand vide intérieur, voyait en Pat tout ce dont je pensais manquer : beauté, intelligence, distinction et capacité d'aimer.

Dans les réceptions où nous allions avant notre mariage, je comptais beaucoup sur Pat pour prendre à sa charge la plus grande partie de nos rapports avec les invités. Elle le faisait tellement bien. En un sens, je pense que le petit garçon en moi se cachait derrière ses jupons. C'était comme si elle m'avait créé un déguisement qui me permettait de paraître normal et présentable en société.

Notre mariage et notre lune de miel furent très réussis. Pendant la première partie de notre vie commune, j'étais en poste à la base aérienne de Travis, durant la guerre de Corée, et je rentrais tous les soirs à San Francisco, dans le quartier de Russian Hill où se trouvait le merveilleux appartement que nous habitions pour un prix, somme toute, raisonnable.

Nous étions chacun très occupés professionnellement. Pat était une excellente cuisinière et nous recevions souvent. Alors que Pat nouait beaucoup de relations en profondeur avec des amis, mes propres relations restaient à un niveau superficiel. Je ne pouvais toujours pas me permettre d'avoir des amitiés intimes dans lesquelles je me serais senti en sécurité en ouvrant mon coeur.

Pendant cette période, si quelqu'un avait osé insinuer que j'étais égocentrique, j'aurais violemment protesté. Je me voyais comme un médecin acharné au travail et qui aidait bien des gens. Comme nous pouvons être aveugles! Aujourd'hui, lorsque je regarde en arrière, je vois que mon mariage était focalisé sur mes besoins et mon emploi du temps. Même si j'avais autrefois du mal à me l'avouer, mon travail passait avant mon mariage et ma famille. Nous eûmes, Pat et moi, de nombreuses discussions à ce sujet, mais je me faisais une raison en me disant que la majorité des médecins vivaient exactement comme moi.

Je mesure maintenant à quel point j'étais tyrannique. Et pourtant, une autre partie de moi-même me voyait faible et cédant toujours à Pat pour les décisions importantes.

Un mariage qui repose sur des intérêts égoïstes ou dans lequel l'homme domine est une relation emprunte de peur. Et cette peur provient de la peur de l'amour. Tout cela était vrai pour moi, mais mon ego et sa forte myopie me maintenaient en sommeil et m'empêchaient de voir la vérité.

Les premières années de notre mariage débutèrent avec des double martinis; plus tard, je me mis au whisky sec. Je ne m'en rendais pas compte à l'époque, mais je devenais un alcoolique. Je me persuadais que je ne buvais qu'en société, que je buvais peut-être beaucoup, mais que je n'étais certainement pas un alcoolique. Une fois de plus, je donnais des excuses aux autres et à moi-même à propos de mon comportement. La voix de mon ego me disait que tous mes amis buvaient autant que moi, mais qu'aucun d'eux n'était alcoolique. Comme je ne buvais jamais dans la journée, j'étais sûr d'être maître de ce que je prenais. En fait, je ne l'étais pas.

Notre fils Greg naquit le 26 juillet 1955. J'ai le souvenir que, lors de cet événement ainsi que, deux ans plus tard, lors de la naissance de Lee, notre deuxième fils, nous étions incroyablement heureux, Pat et moi. Ces enfants étaient merveilleux. Pat se révélait une mère accomplie et j'étais ravi d'être père, même si je dois admettre n'avoir pas été souvent à la maison. En fait, Pat commença à se plaindre que j'étais rarement là, mais je balayais ses récriminations; je sentais que le devoir d'un médecin était de s'occuper d'abord des besoins de ses patients et ensuite de ceux de sa famille.

En été, nous partions camper, nous louions des bateaux et nous allions pêcher avec les enfants. Notre lieu de détente favori était Carmel en Californie. Nous avons fini par y acheter une propriété et nous avons passé là bien des moments de bonheur sur la plage et à jouer au tennis.

D'une façon inattendue, une tragédie peut parfois rapprocher les gens. Lorsque nos enfants étaient encore tout petits, notre maison de Tiburon brûla. Les enfants s'y trouvaient lors de l'incendie. Pat était chez le dentiste et moi à mon travail. Rentrant précipitamment, je trouvai les enfants sains et saufs, mais plus de la moitié de la maison était détruite.

La seule chose qui nous importait à tous les deux était qu'il ne soit rien arrivé à nos garçons. Néanmoins, nous fûmes accablés en triant les restes calcinés. Presque tous les objets auxquels nous tenions avaient disparu.

Durant cette tragédie, je ne voulus pas être tributaire de quiconque. Lorsqu'on nous offrit de l'aide, je répondis que tout était résolu, ce qui était loin d'être vrai. Aujourd'hui, je remercie Dieu de ce que certains ne m'ont pas écouté et nous ont donné des vêtements et offert l'hospitalité.

Avant l'incendie, nos problèmes conjugaux avaient empiré, mais un nouveau lien se mit alors à naître entre nous. Nous avons vécu dans un lieu provisoire pendant environ six mois, durant lesquels nous avons commencé à réévaluer les choses. Nous nous sommes rendu compte que, jusque-là, nous avions une liste de priorités qui commençait à tort par des choses telles que l'argent. Une part de ce qui avait figuré en fin de liste se retrouva en tête. Cependant, nous sommes malheureusement retombés dans nos vieux schémas environ un an après l'incendie.

Je passais de longues et innombrables heures à mon cabinet et à l'hôpital. Je commençais à avoir l'impression que Pat passait son temps à se plaindre. A présent, je vois que c'était moi qui me plaignais, mais je niais ce que je ressentais et le projetais sur Pat. Comme l'ego peut être rusé et trompeur! Lorsque vous pensez l'avoir attrapé, il vous glisse des mains comme un poisson.

En dépit de mes longues heures de travail, je continuais à m'impliquer dans les activités de mes fils en assistant aux matches de la division des petits, aux soirées pour les parents à l'école et à d'autres manifestations de ce genre. J'essayais de maintenir l'image d'un père affectueux et dévoué. Je me persuadais que j'étais proche de mes enfants et que je partageais ouvertement mon amour avec eux.

Rétrospectivement, je m'aperçois que je partageais le centre de mon être ni avec les garçons, ni avec Pat, ni avec qui que ce fût. Les soirées que je passais effectivement à la maison se déroulaient sous l'influence de l'alcool, aussi n'étais-je pas disponible pour ma famille comme j'aurais voulu le croire.

J'avais une personnalité de Dr. Jekyll et Mr. Hyde. Dans le refuge de mon cabinet, je pouvais donner de l'amour et en recevoir. En revanche, j'étais tout à fait capable d'être un tyran chez moi tout en le niant. A mon cabinet, je pouvais parler de l'amour inconditionnel avec des parents; à la maison, je ne cessais de harceler mes fils pour qu'ils aient de bons résultats scolaires. Malgré mes bonnes intentions, je faisais exactement ce que j'avais vivement reproché à mes parents.

Les itinéraires de notre ego et les lois du monde voudraient nous faire croire que le succès se mesure à l'importance de notre compte bancaire, de nos biens et à ce que les autres pensent de nous. La voix de l'ego affirme que notre réussite dépend de notre habileté à manipuler les gens et à les piétiner pour nous élever.

Je fis tout ce que mes parents m'avaient appris à faire. Sans m'en rendre compte, j'avais encore peur de ne pas suivre leurs plans de vie. Je travaillai dur. Je gagnai beaucoup d'argent. Je possédais beaucoup de choses de valeur. Mes collègues me respectaient. Par-dessus tout, j'avais une femme ravissante et de merveilleux enfants.

Le rôle de la peur dans le mariage

En vérité, je choisissais la plupart du temps d'écouter la voix de mon ego. Lorsque j'éprouvais de la joie, c'était dans le meilleur des cas une joie fugitive; mon ego s'empressait de la détruire. Il continuait à me dire que je n'avais pas le droit d'être heureux.

L'ego nous dit toujours de courir, courir, courir, mais il ne nous dit jamais vers quoi. Il nous dit que la seule réussite qui vaille la peine se trouve dans le monde extérieur. Aussi, comme je suivais le plan de vie de mon ego, je courais toujours; même en aidant apparemment les autres, je pensais d'abord à moi.

J'amassais tous les trophées propres au monde matériel, toutes ces choses qui étaient censées me rendre heureux. Pendant ce temps, je soustrayais mon coeur blessé au regard de tout le monde, y compris de moi-même. Comment aurait-il été possible que des gens me deviennent des proches si je ne m'autorisais pas à être proche et conscient de moi-même ?

Au début des années soixante-dix, je devins très dépressif et désabusé par rapport à ma vie. Les choses qui devaient m'apporter le bonheur ne me le procuraient pas. J'en étais inconscient à l'époque, mais je souffrais d'un vide spirituel. C'est ainsi qu'une autre loi de l'ego commença à dicter ma conduite : « Si quelque chose ne va pas dans ta vie, trouve quelqu'un à accuser. »

Je me mis à reprocher mon malheur à Pat et je trouvai mille et une choses à lui reprocher. Bien sûr, elle n'avait rien fait de mal. Le « mal » venait de ma propre perception et je projetais sur elle toute la haine, le ressentiment et la déception que j'éprouvais envers moi-même. Je rendis les choses tellement insupportables que notre mariage perdit tout ce qu'il avait pu avoir de vivant en lui. Pat mit tout en oeuvre pour sauver notre couple, mais je n'y croyais plus.

A ma grande surprise, les autres nous considéraient comme un modèle de famille réussie, heureuse et pleine d'amour.

Pat disait souvent qu'elle contribuait pour quatre-vingts pour cent à notre union et que je n'y contribuais que pour vingt. Je n'étais pas d'accord avec elle à l'époque, mais je le suis tout à fait maintenant. Pat était disposée à se donner entièrement à notre couple. Cependant, comme je n'étais pas souvent là, elle reprit des études, en décoration intérieure, et commença une nouvelle carrière. Plus elle réussissait, plus je me sentais menacé. En 1973, nos vingt ans de mariage se terminèrent par un divorce.

Ce fut l'une des plus douloureuses expériences de ma vie. Bien que séparés, nous avons continué à nous disputer à propos de l'argent, des biens et pour savoir qui avait raison. Niant toujours mon alcoolisme, mon ego axa tout son jeu sur le refoulement et la dissimulation. Ma souffrance émotionnelle était si vive que je faisais n'importe quoi pour me la cacher. Je ne me rendais pas compte du trouble dans lequel j'étais réellement. Nous entretenions, Pat et moi, des pensées impitoyables et nous n'avons cessé de nous accuser l'un l'autre pendant de nombreuses années par la suite.

Je savais que j'étais perturbé, mais je ne me rendais pas compte du volcan qui grondait en moi et de ma force d'autodestruction. Je buvais de plus en plus. Mes problèmes de dos s'aggravèrent également, me causant de vives douleurs physiques. Je prétendais que cela n'avait rien de psychologique car mes radiographies montraient une maladie dorsale organique. Comme nous pouvons être sourds et aveugles!

Mon ego s'en donnait à coeur joie, me disant que je n'étais pas digne d'être aimé et que je ne pouvais avoir confiance en personne. Par mon comportement, je continuais à trouver le monde aussi dangereux et sans amour que je le percevais. Je me persuadais que tout le monde était prêt à m'attaquer et à me rejeter à tout instant.

Subconsciemment peut-être, pour prouver que

mon ego avait raison, je laissais parfois les gens m'approcher et je les écoutais me confier leur inquiétude devant mon alcoolisme. J'allais même jusqu'à m'arrêter de boire quelques jours pour leur donner satisfaction. Puis je me remettais à boire encore plus. Mes amis se fâchèrent, renoncèrent à m'aider et beaucoup disparurent de ma vie.

Chaque fois qu'un ami disparaissait, mon ego me disait : « Tu vois, tu ne peux avoir confiance en personne. L'amour inconditionnel n'existe pas. Comment peux-tu compter pour les gens alors que tu es si peu attachant ? Tu mérites de te sentir coupable, tu es si mauvais. » Puis il ajoutait : « A propos, un whisky bien tassé t'enlèverait vite la culpabilité que tu éprouves. » Et une fois de plus, j'écoutais la mauvaise voix et je me remettais à boire. Si je n'avais aucun contrôle sur les gens pour qu'ils m'aiment, je pouvais au moins exercer un contrôle sur eux en les incitant à me rejeter.

Ma vie devint une belle hypocrisie ! J'étais alcoolique, mais j'avais la réputation, dans mon environnement social, d'être un excellent thérapeute, spécialement pour les alcooliques.

Selon une autre loi que l'ego veut que nous suivions, nous sommes chacun une entité séparée, chacun avec un esprit séparé, dans un monde sans intimité, un monde où l'on se sent partout seul et séparé. Comme je me cachais derrière un abord chaleureux et un sourire artificiel, je doute que quelqu'un ait pu savoir combien j'étais seul en réalité. J'étais seul en compagnie de mes enfants, avec ma femme et même au milieu d'une foule.

J'avais un sentiment de séparation et d'éloignement non seulement par rapport aux autres mais également par rapport au monde et même à mon corps. Je ne me sentais pas bien dans mon corps parce que je continuais à me percevoir gauche et maladroit. Je conservais de mon enfance l'impression d'être de nulle part. Durant toute ma vie, j'avais eu le sentiment nostalgique et sans espoir de ne pas avoir de chez moi, l'impression de toujours chercher un coin, un endroit sûr. Et tout en cherchant cet endroit, j'étais persuadé que je ne le trouverais jamais.

En revoyant les choses, je crois que j'ai passé le plus clair de ma vie dans un état chronique d'agitation, de tristesse, de dépression et de désespoir. Même adulte, j'avais encore cette perception de ma vie alors que la plupart des gens considéraient que je réussissais merveilleusement bien. Ma réussite extérieure ne changeait rien à l'état intérieur de mon coeur et de mon esprit. Une partie de moi ne cessait d'affirmer qu'il devait y avoir autre chose dans la vie.

Je ne me souviens pas d'avoir eu conscience d'être en quête de quelque chose ou de chercher ma véritable demeure ou la paix intérieure. En revanche, je me souviens bien de cet état chronique de vide, de tristesse qui recouvrait une mer de *larmes intérieures* solidement endiguée. Dans presque tous les domaines, j'avais l'impression que personne ne me comprenait. Et je ne comprenais rien !

Pénurie spirituelle

A l'époque de mon divorce, si quelqu'un m'avait dit que mon vrai problème n'était pas ma relation avec ma femme mais ma relation avec Dieu, je ne l'aurais jamais cru. Ce n'est que bien des années plus tard, lorsque j'ai rencontré Mère Teresa, que j'ai pu voir les choses différemment.

Mère Teresa disait que le problème majeur du monde n'est pas que les gens meurent dans les rues de Calcutta, ce n'est pas non plus l'inflation, mais c'est ce qu'elle appelle la « pénurie spirituelle ». Elle décrivait cela comme un sentiment de vide accompagné de l'impression d'être séparé de Dieu et de tous nos frères et soeurs sur la planète.

Aujourd'hui, je peux revenir sur mon mariage et mon divorce et savoir que, sous mon état dépressif, ma colère contre moi-même et ma dépendance par rapport à la boisson, se trouvait cet état de pénurie spirituelle décrit par Mère Teresa. J'ai la conviction que le vide ressenti par la plupart d'entre nous provient de notre lutte contre Dieu, qui fait que nous nous sentons séparés de la Source.

La jalousie est une complice de l'ego
qui transforme l'illusion de l'amour
en haine.

CHAPITRE 5

LA VIE DANS LES SABLES MOUVANTS

*Lorsque, quelque part au fond de moi-même,
je me sens déprimé,
je sais que je refuse la Présence de Dieu.*

Il ne m'est pas facile de retrouver ce que je pensais et ressentais après ma séparation et mon divorce. Pourtant, le fait de regarder en arrière m'aide à comprendre l'influence de l'itinéraire de mon ego sur ma vie. Je gardais les choses scellées dans des compartiments séparés de mon esprit, si bien que je n'avais pas conscience de ce que je pensais et ressentais réellement. J'avais pour le moins l'esprit engourdi.

Je me rappelle, néanmoins, que je n'aurais pas cru possible de me sentir plus coupable. Pourtant, la culpabilité m'envahissait toujours davantage. Obéissant à sa loi, selon laquelle je méritais d'être puni, mon ego continuait sa danse et mon mal de dos empira à un degré tel que je fus presque frappé d'incapacité physique. Dans tout ce que je faisais, je me sentais malheureux. Je buvais de plus en plus. Je ne voyais plus mes anciens amis.

Au début de ma séparation et de mon divorce, j'eus envie de vivre seul. Or, je me suis vite lassé des dîners devant la télévision et des longues soirées solitaires. La solitude se fit menaçante et je finis par la haïr. Je laissais hurler la radio ou la télévision presque en permanence, même quand je n'y faisais pas attention. Le bruit me permettait de fuir mes pensées conflictuelles et me donnait l'illusion de ne pas être seul.

Si quelqu'un m'avait demandé ce qu'était la vie, je lui aurais probablement répondu du centre de mon ego : « La vie consiste à survivre et à souffrir, et si vous connaissez de brefs moments de bonheur, vous êtes l'un des rares qui ont de la chance. »

J'avais absolument besoin d'une compagne. Je n'aimais pas jouer au jeu des sorties galantes, mais c'est pourtant ce que je faisais. A dessein, j'avais des relations très superficielles. J'apprenais encore une autre loi de l'ego : en se focalisant sur le corps, on peut garder l'esprit éloigné de Dieu.

J'arrivais au milieu de ma vie et toutes mes tendances et mes peurs d'adolescent refirent surface. Ma focalisation sur les relations sexuelles n'avait pas grand-chose à voir avec l'amour. Déguisé en ami, mon vieil ennemi l'ego me disait: « Va et prouve-toi qu'on peut t'aimer et te désirer. »

Le caractère vain de mes relations, qui étaient dénuées d'engagement et d'intérêt réel envers l'autre, ne faisait qu'accentuer mon sentiment de culpabilité et mon état dépressif. J'avais une idée de moi-même totalement négative. Je noyais ma mélancolie en buvant davantage.

J'étais épuisé et suicidaire, mais j'avais peur de mourir. En dépit de ma confusion intérieure, j'étais étonné de pouvoir continuer à exercer et à aider autrui.

Je semblais obnubilé par mon enfance. J'en revivais sans cesse les peurs. J'avais parfois l'impression que ce que je vivais était tout nouveau pour moi mais, avec le temps, cela s'avérait n'être qu'une répétition ennuyeuse de vieux schémas. La forme avait peut-être changé mais pas le fond. Je semblais résolu à ne rien apprendre de mes expériences.

J'ai pourtant appris une chose au cours de cette période : la capacité de l'ego à s'autopunir n'a aucune limite. Même lorsque vous êtes au plus bas, que vous vous traînez littéralement sur le ventre et que vous n'en pouvez plus, l'ego s'avance la tête haute pour alourdir encore votre punition. Je suis stupéfait de l'état d'abattement dans lequel je pouvais me mettre.

Chaque fois que je suivais l'itinéraire de l'ego, je trouvais une certaine valeur à mon sentiment de culpabilité et à l'alourdissement de ma punition. Lorsque je ne me faisais pas du mal, je me débrouillais pour en faire aux autres. Pas une seule fois je ne me suis rendu compte à quel point j'avais peur de l'amour et de Dieu. J'avais bien appris les leçons de mon enfance.

Comme beaucoup, partout où je vais, je porte en moi un enfant caché qui a peur (parfois, cet enfant est mal caché). Adulte, je me suis quelquefois apitoyé sur moi-même et, comme je le faisais dans mon enfance, j'ai boudé lorsque les choses ne se passaient pas comme je le voulais. Incapable de reconnaître ma réaction enfantine, j'excellais à la détecter chez les autres.

Le noyau central de l'ego est la projection. Celle-ci consiste à nier ce qui est en nous pour mieux le voir chez les autres. C'est un mécanisme qui dit : « Notre ennemi est à l'extérieur de nous-mêmes. »

J'ai fini par ne plus sortir pendant plusieurs mois. Un peu plus tard, j'ai pris des cours de photographie et j'ai consacré toute mon énergie à devenir photographe amateur. J'allais jusqu'à développer et tirer moi-même mes photos.

Ensuite, je me suis intéressé à la parapsychologie et à la guérison non traditionnelle. J'ai commencé à faire des recherches dans ces domaines avec les phénomènes psychiques chez les enfants, la photographie Kirlian et en faisant partie d'une équipe médicale qui étudiait des guérisseurs célèbres. En même temps, j'ai débuté des recherches sur la technique du biofeedback, ce qui m'a amené à écrire l'un des premiers articles sur l'utilisation du biofeedback dans les écoles publiques. Quelque chose en moi me disait qu'il devait y avoir une autre façon de guérir.

Je me suis alors engagé dans une histoire d'ego de première classe en quête de prestige et de reconnaissance. Je fus invité à donner des conférences en Suède et en Union soviétique. Bien que ces conférences aient été appréciées, j'avais toujours en moi cette terrible sensation : « S'ils savaient que je ne sais rien ! »

Finalement, je me suis trouvé avoir une relation que tout garçon d'âge scolaire aurait considérée comme vouée à l'échec. Au cours d'un congrès médical, je rencontrai une femme dont je tombai follement et désespérément amoureux. Nous n'avons ni l'un ni l'autre assuré beaucoup de nos fonctions professionnelles, préférant passer notre temps ensemble.

Curieusement et inexplicablement, cette femme vit en moi quelque chose que je ne reconnaissais pas. Elle sut regarder au-delà de mon ego et de ma dépendance par rapport à la boisson et voir le potentiel que j'avais pour accomplir quelque chose dans ce monde.

Avec elle, j'eus la possibilité de partager certaines choses comme jamais avec personne d'autre.

Ce fut un véritable tournant dans mon existence. J'eus l'impression qu'un petit noyau d'espoir prenait vie et je commençai à croire avec elle que j'avais quelque chose à offrir au monde; et puis, peut-être bien, peut-être qu'après tout je pouvais être agréable. Je lui serai toujours reconnaissant pour cette étincelle de lumière qu'elle alluma en moi.

Cependant, il y avait un gros problème : elle était mariée. Ma conduite m'apparaissait méprisable, immorale et impardonnable. Elle était totalement contraire à mon code de morale. Je savais ce que j'étais supposé faire, mais je semblais incapable de me venir en aide. C'était comme si je m'enfonçais dans des sables mouvants. Une partie de moi me disait : « Tu t'enfonces, tu vas mourir et quelle que soit la personne qui est avec toi, il lui arrivera la même chose. »

Une partie de moi-même se sentait terrorisée. Et voilà que la voix de mon ego revint en apportant un message qui, cette fois-ci, m'apparut à tort nouveau : « Il est temps que tu aies enfin une certaine joie et un certain plaisir à vivre. Allez, profite de ta nouvelle relation, mais sache que tu ne peux pas en profiter complètement parce qu'elle ne durera pas. »

Consciemment, je savais que mon comportement était insensé. Pourtant, c'était comme si un aimant m'attirait toujours plus profondément dans cette relation. Une fois de plus, le plan de mon ego m'avait conduit au beau milieu d'une nouvelle situation de « perte à tous les coups ».

On ne peut jamais être en paix dans une relation bâtie sur le mensonge, particulièrement lorsque l'on sait déjà que le mensonge est l'un des fondements de l'ego. Mais je passais outre en espérant que tout finirait par s'arranger. Je ne voulais pas reconnaître que c'est le désir de tromper qui engendre la discorde et la guerre. A mesure que le temps passait, la relation devint un mélange d'amour et de haine. Nous fabriquions une illusion d'amour lorsque nous satisfaisions chacun les besoins de l'autre ; nous créions haine et discorde lorsque nous n'y parvenions pas.

C'était une relation en montagnes russes qui allait de merveilleux sommets à des gouffres d'enfer. J'avais toujours l'esprit hermétiquement compartimenté. La plupart du temps, je parvenais à me cacher le fait que j'étais dans le mensonge. Pourtant, même derrière la question du mensonge des apparences, demeuraient les anciens problèmes de l'ego tels que la jalousie, le désir de possession, la manipulation et le désir de contrôle.

Bien que voulant donner, ce qui m'intéressait encore le plus était ce que j'obtenais ou n'obtenais pas.

Je me demandais s'il n'y avait pas une partie malade en moi qui cherchait la discorde pour m'assurer que j'étais vivant. Je savais bien que notre relation n'était pas saine, mais je me suis senti paralysé lorsque la rupture arriva. Elle se produisit lorsqu'un autre homme apparut et me remplaça. La sensation de rejet fut comme du sel sur de vieilles blessures fraîchement rouvertes. J'eus de nouveau comme compagnons la souffrance et la détresse. Une seule pensée me venait à propos de Dieu : une fois de plus, j'étais marqué par sa colère.

Pendant des mois, je connus l'amertume d'être rejeté. Aujourd'hui, je suis témoin du miracle qui se produit lorsqu'on en vient à pardonner les autres et soi-même. Au lieu de toujours nourrir le sentiment d'avoir commis un péché impardonnable dans cette relation, je m'aperçois que j'ai fait une erreur, une faute qui doit être corrigée. Cette relation est aujourd'hui guérie et nous sommes des amis sûrs l'un pour l'autre.

L'ego peut être comme de la glu qui colle à tout ce qu'elle touche. Il peut nous conduire à faire de nos relations des idoles qui nous maintiennent séparés de Dieu. Dans mon esprit, j'avais fait de cette relation une idole en permettant à ma paix intérieure de dépendre de ce que l'autre faisait ou ne faisait pas pour moi.

Je ne cessais de refuser la leçon selon laquelle, chaque fois que je donne pouvoir à quelqu'un sur mon bonheur, je finis dans l'angoisse et la discorde. Je n'étais pas prêt pour apprendre qu'à chaque fois que je laisse mon ego s'attacher à quelqu'un ou à quelque chose, ou bien faire une idole d'une personne, j'augmente la distance entre Dieu et moi.

Après avoir pansé mes blessures, je me suis dit qu'on ne m'avait pas mis dans ce monde pour connaître une relation intime. Je jurai de rester célibataire. Cela ne me rendit pas plus heureux. Je pris cette décision uniquement en pensant que cela m'éviterait d'autres souffrances. Je continuais à boire et à être déprimé. Je travaillais toujours à mon cabinet en recevant des patients et en faisant de la recherche. J'y portais mon déguisement bardé de sparadraps, faisant croire que j'étais « cohérent ». J'avais un sentiment croissant de désespoir et de vanité, et je croyais profondément qu'il n'y avait plus rien à faire pour moi.

Il aurait fallu un miracle, me semblait-il, mais les miracles étaient bien la dernière chose au monde à laquelle je croyais. Je ne m'attendais pas du tout aux événements qui allaient se produire au mois de mai 1975.

Je sais que la projection est un miroir et non un fait, mais lorsque j'ai peur, tout ce que je vois dans le monde me semble bien réel.

CHAPITRE 6

L'ESCALADE DE LA MONTAGNE

*Comme je me trompais
en pensant que ce dont j'avais peur
se trouvait dans le monde
et non dans mon esprit.*

— *Un Cours sur les Miracles*

Lorsque vous essayez d'entrer en communication avec Dieu, le type de téléphone que vous utilisez n'a pas d'importance. De même qu'il y a de nombreux sentiers qui conduisent au sommet d'une montagne, il y a beaucoup de chemins qui mènent à Dieu.

En mai 1975, je me sentais complètement perdu et j'avais pratiquement abandonné tout espoir. Je n'ai pas consciemment essayé d'entrer en communication avec Dieu, mais c'est néanmoins ce qui s'est produit. C'est à cette période qu'on me fit connaître le *Cours sur les Miracles*. Cet événement fut vraiment un miracle pour moi et m'a aidé à trouver mon chemin vers Dieu.

Alors qu'une partie de moi continuait à résister, une autre partie au fond de moi-même savait qu'il m'était donné un plan valable et un itinéraire de voyage. D'une certaine manière, je reconnus que les vibrations émises par ce qui était écrit dans le *Cours* étaient les mêmes que celles de mon coeur. Je me suis rendu compte que ces écrits n'étaient pas nécessairement utiles et attractifs pour tout le monde, mais j'ai clairement vu que ce *Cours* constituait un instrument pour ma transformation spirituelle. Quelque part, tout au fond de moi-même, je sentais que ma découverte du *Cours* était capitale et je savais d'une certaine manière que j'avais trouvé ce que je cherchais depuis toujours.

Un instrument de transformation spirituelle

Ce qui m'attirait dans le *Cours*, était le fait qu'il offrait un programme pour un éveil spirituel personnel et qu'on le travaillait seul. Son but consistait à enlever ce qui faisait obstacle à la conscience de la présence de l'amour. J'ai découvert qu'il mettait l'accent sur l'amour et le pardon et je me suis rendu compte à quel point j'en étais dépourvu.

L'une des premières fois où j'ai ouvert le *Cours*, une phrase m'a sauté aux yeux: « Pour un esprit faussé, la simplicité est très difficile à comprendre. » Tout cela me parlait comme jamais rien ne m'avait parlé jusque-là. Le *Cours* m'offrait un plan très précis en me disant comment regagner ma demeure en Dieu. Pour moi, son plus puissant message était que, nous étant séparés de Dieu et de l'amour, nous avions besoin de prendre conscience du rêve dans lequel nous vivons l'illusion d'un monde perceptuel rempli de peur, de solitude et de séparation, où nous souffrons d'un manque d'amour.

Le *Cours* laisse entendre qu'il est possible à chacun d'apprendre à vivre seconde par seconde, comme si chaque seconde était un moment éternel. Dans cet instant éternel, nous pouvons apprendre à nous en remettre à l'amour en écoutant la voix de Dieu qui nous dit quoi penser, quoi dire ou quoi faire. Ainsi, la paix de Dieu devient notre seul but et le pardon notre seule fonction. Les mots du *Cours* nous montrent comment ne voir que la lumière de l'amour en chacun et n'exclure personne de notre amour.

Malgré une première réaction positive face au *Cours*, il m'était difficile de saisir pleinement ce que signifiait vivre seconde par seconde. Comme chaque fois que quelque chose de merveilleux m'arrivait, je sentis immédiatement une forte résistance de la part de mon ego.

Celui-ci me serinait à peu près ceci : « Es-tu fou ? Ces livres (le *Cours*) parlent de Dieu et tu sais bien qu'il n'y a pas de Dieu. Laisse donc tout cela. *Un Cours sur les Miracles* ! Ce titre est idiot ! Regarde l'épaisseur de ces livres. Tu lis très lentement et tu n'auras jamais la patience de les finir. »

Parfois, lorsque j'étudiais des passages du *Cours*, mon ego prêchait à sa façon : « Il n'existe aucun moyen de trouver la paix en ce monde. Tu as tout essayé, mais rien n'a marché pour toi. Accepte le fait que tu es venu dans ce monde pour souffrir. Tu ne peux y échapper. Allez, abandonne. »

Grâce à Dieu, je n'ai pas écouté cette voix ! Malgré ma forte résistance, je savais que j'avais trouvé le plan de route qui allait changer ma vie.

Maintes fois, j'ai voulu jeter ces livres par-dessus bord, même lorsqu'une partie de moi reconnaissait que la vérité y était dite. Je pensais avoir l'esprit vraiment faussé et troublé car je ne trouvais le chemin spirituel ni simple ni facile. Mon ego se met apparemment dans tous ses états chaque fois que je tente de changer mon système de croyance. Mais je ne suis pas le seul. Pratiquement tous ceux qui ont choisi dans leur vie un chemin spirituel ont trouvé que le *désapprentissage* nécessaire était à la fois difficile et douloureux. Je suis certain que c'est ce désapprentissage, plus que l'apprentissage, qui cause les pires difficultés.

Malgré ma résistance, j'ai commencé à voir que ma vie devenait bien plus simple lorsque je l'abordais dans la perspective du *Cours*. L'une des idées les plus importantes pour moi était que nous n'avions vraiment qu'une alternative : le système de pensée de l'ego ou celui de l'amour. Celui de l'ego est alimenté par la culpabilité, la peur et le pardon refusé ; il consiste également à croire qu'il n'y a pas de Dieu ou bien qu'il existe un Dieu vengeur et incapable d'aimer. Notre ego s'acharne à nous faire croire que notre corps est notre seule réalité et que la mort est réelle et constitue la fin de toute vie.

Le centre de notre ego et de son insatiable désir d'*acquérir* recèle l'équivoque, l'ambiguïté, le découragement, le doute, la douleur, la détresse et la souffrance. Il a comme but la discorde et la guerre.

Il enseigne la peur, le reproche, l'attaque et la défense. Tout en essayant de nous convaincre que nous serons toujours en conflit, l'ego veut toujours que nous trouvions une certaine valeur dans la culpabilité. Toutes les fois que quelque chose ne va pas, il nous incite à rechercher quelqu'un à incriminer ou à condamner.

Lorsque nous adoptons le système de croyance de l'amour et que nous n'entretenons que des pensées touchant à Dieu, nous commençons à comprendre pourquoi nous finissons par trouver notre identité réelle dans notre amour et non dans notre corps. Nous sommes chacun l'essence de l'amour. La paix et la joie sont au centre du coeur de l'amour. Il y a là une absence totale de peur et de culpabilité, il n'y a ni souffrance ni détresse. Seules sont présentes des pensées d'amour et de pardon. Dans ce système de croyance, l'amour et la vie sont éternels et la mort n'existe pas.

L'une des plus précieuses leçons que j'appris sur mon chemin spirituel est probablement ce que le *Cours* appelle les « relations spéciales ». Ce qu'on m'a enseigné là m'a aidé à voir pourquoi mes relations avaient été si difficiles et ce que je pouvais faire pour changer.

J'ai commencé à comprendre que les « relations spéciales » étaient celles qui sont bâties sur la loi de pénurie de l'ego. Celle-ci dit que l'amour est un marché que nous passons avec quelqu'un, basé sur la croyance que l'autre peut nous fournir quelque chose qui nous manque. Pour nous sentir complets, nous recherchons quelqu'un qui nous complète. Les relations spéciales rejettent Dieu parce qu'elles veulent nous faire croire que nous devrions aimer une personne plus que toute autre. C'est une négation de Dieu car il nous aime chacun d'une manière maximale, avec la même intensité.

En me repenchant sur bon nombre de mes relations, je compris que le sentiment de culpabilité inconscient, que je ressentais lorsque je me séparais de Dieu, était dissimulé par la relation spéciale. Je niais ma culpabilité et je la projetais sur l'autre. Pendant la période de lune de miel où je me sentais stimulé et «complété» par la présence de l'autre dans ma vie, tout allait bien. Mais cette période ne durait généralement pas longtemps. Ce qui semblait de l'amour au début devenait souvent un «amour de haine», lorsque j'avais l'impression que mes besoins égotiques n'étaient plus satisfaits.

Grâce au *Cours*, je commençai à entrevoir la possibilité d'une autre relation. Le *Cours* l'appelle la «relation sainte» et la définit comme «une relation basée sur le fait de donner et de recevoir et non sur l'obtention et la séparation». Elle se produit lorsque deux personnes se rencontrent en tant qu'individus complets, lorsque ces deux personnes ne ressentent aucun manque et que le but de leur relation consiste à faire l'expérience de Dieu. C'est une relation dans laquelle nous pensons d'abord à Dieu et où nous incluons tous les autres dans notre amour plutôt que de réserver celui-ci pour une seule personne. Plus simplement, sont des relations saintes celles qui sont inclusives et non pas exclusives. Elles sont bâties sur un amour inconditionnel envers tout le monde et non sur un amour conditionnel envers le partenaire. Une relation sainte se bâtit sur le fait de reconnaître Dieu en lui offrant les deux volontés des partenaires en tant qu'une et en s'aidant l'un l'autre avec amour.

« La perception est un miroir et non un fait »

L'une des compréhensions les plus libératrices qui me soit venue par le *Cours* est que nos perceptions sont le miroir de notre esprit intérieur; elles ne sont pas des *faits*. Notre ego nous maintient séparés de Dieu en projetant nos perceptions sur les autres. Nous faisons cela en niant que nous sommes créateurs de nos perceptions et en agissant comme si ceux qui nous entourent ne servaient que d'écrans cinématographiques mobiles pour nos projections. En même temps, notre ego veut que nous niions être responsables de nos projections et celles-ci deviennent alors des défenses contre la réalité de Dieu.

Les perceptions sont corrigées lorsque nous cessons de croire à la valeur de l'interprétation ou du jugement des comportements et des motivations des autres. Nous apprenons à faire taire l'ego et à écouter à sa place la voix intérieure qui a bien des noms: le Saint-Esprit, le maître intérieur, la voix de la sagesse, l'intuition ou le guide dans notre coeur. Cette voix intérieure nous a été donnée par Dieu pour tout interpréter sur une base d'amour et d'union. Il en résulte que nos perceptions sont corrigées et que nous commençons à refaire l'expérience de nous-mêmes en temps qu'amour, unis en tant qu'un avec Dieu et les uns avec les autres.

Principes pratiques

J'ai trouvé que les principes exposés dans le *Cours* étaient merveilleusement utilisables dans tous les domaines de ma vie. Ces principes sont vraiment universels et, sous une forme ou une autre, ils ont été parmi nous depuis des siècles. Je voudrais partager avec vous certains de ceux que je préfère. Chacun peut être utilisé comme une méditation à lui tout seul.

Il n'y a que deux émotions, l'amour ou la peur. La façon dont nous percevons est un choix. Au lieu de voir quelqu'un en colère ou en train de nous attaquer, considérons plutôt que cette personne ou bien exprime son amour, ou bien a peur et fait appel à notre amour. Le pardon est la clé du bonheur.

Seules nos propres pensées nous blessent. Seul notre propre esprit a besoin d'être guéri. Nous ne sommes pas victimes du monde que nous voyons.

Ne jugeons pas et renonçons à la valeur que nous attribuons à la culpabilité ou au fait de conserver des sujets de plaintes ou de reproches. Abandonnons la tentation d'interpréter le comportement des autres et faisons un pas en arrière pour laisser Dieu nous montrer le chemin.

Choisissons l'amour au lieu de la peur. Choisissons la paix au lieu de la discorde. Rappelons-nous que l'amour inconditionnel n'a rien à voir avec la manière dont quiconque ou nous-mêmes agissons.

L'honnêteté se trouve là où toute pensée vient de l'amour et où ce que nous pensons, disons et faisons est harmonieux. Elle est là où nos pensées ne s'opposent pas. C'est un état d'esprit où seule la paix existe.

Aide-moi à m'intéresser aux autres comme je m'intéresse à moi-même et à comprendre que la volonté de Dieu à mon égard est un bonheur parfait. J'ai vraiment droit au bonheur.

Je n'aurai pas peur de l'amour aujourd'hui.

Leçons de pardon

En étudiant chaque jour, je commençai à apprendre à ne plus en vouloir aux gens. Peut-être pour la première fois, je me mis à assumer la responsabilité de ma vie et de tout ce dont je faisais l'expérience. Je commençai aussi à changer ma vieille croyance selon laquelle j'étais victime du monde. L'apprentissage du pouvoir du pardon me permit d'entreprendre de guérir des relations anciennes, parfois pleines d'amertume, que je croyais à jamais impossibles à guérir.

Je commençai à voir que ce n'étaient pas les gens ou les situations qui me contrariaient dans le monde mais plutôt mes pensées. La lumière commença à briller en moi, m'apportant une clarté qui transcendait ce que voyaient mes yeux. Je me mis à comprendre que le monde que je perçois est un monde que je crée d'abord dans mon esprit et que je projette ensuite sur le monde extérieur.

En continuant mon chemin spirituel, je ressentis progressivement davantage de paix et de bonheur, bien au-delà de ce que j'avais pu connaître auparavant. Mon esprit s'entrouvrait au fait que nous sommes tous égaux dans la vie et que nous sommes les uns pour les autres aussi bien des maîtres que des élèves.

Même si mes études spirituelles amélioraient ma vie, je continuais à me heurter à de vieilles résistances de mon ego. Par exemple, il fut un temps où j'avais des fiches de leçons tout autour de moi (dans la cuisine, dans la salle de bain et dans la voiture), mais je n'en oubliais pas moins les leçons de la journée. Au cours de mes périodes d'études quotidiennes, je me surprenais à relire un paragraphe à maintes reprises sans pouvoir comprendre la leçon tout simple qui y était donnée. Il y eut certains jours où, de nouveau, je me persuadais que j'étais un arriéré mental.

En juillet 1975, à Tiburon en Californie, un petit groupe dont je faisais partie mit sur pied une réunion hebdomadaire d'étudiants du *Cours*. Ce soutien nous fut très efficace alors que nous nous débattions avec nos leçons. Il y a aujourd'hui dans tout le pays de nombreux groupes qui se réunissent chaque semaine. Cependant, la majorité des étudiants travaillent le *Cours* seuls.

Alors que je dédiais chacune de mes journées à mon chemin spirituel, je continuais à boire. Tandis qu'une partie de mon esprit m'affirmait que ce chemin pouvait me libérer de mon emprisonnement volontaire dans l'alcool, une autre partie me disait que ma dépendance était irrémédiable. Pour la première fois de ma vie, je fis appel à Dieu. Cela faisait environ quatre mois que j'avais commencé le *Cours*.

Vers deux heures et demie du matin, je me réveillai en sueur et tremblant de peur. J'entendais une voix qui paraissait venir de l'extérieur de moi-même et non de l'intérieur. Elle me disait que je n'avais plus besoin de boire. J'entrais dans une nouvelle phase de guérison. Ces paroles furent répétées trois fois.

Je crus devenir fou. J'eus aussitôt une vision de moi en pleine crise de délirium tremens, voyant des éléphants roses sur les murs. J'étais affolé et ne pus me rendormir avant une bonne heure.

Lorsque je me réveillai un peu plus tard ce matin-là, j'avais réussi à refouler toute la scène; je ne m'en souvenais plus. Je vaquai à mes occupations journalières et, lorsque je rentrai chez moi le soir, je me dirigeai tout de suite vers ma bouteille de whisky comme à l'accoutumée. Cette fois-là, pourtant, juste avant de saisir la bouteille, j'entendis la voix que j'avais entendue au milieu de la nuit. Elle disait : « Tu es dans une nouvelle phase de guérison et il ne t'est plus nécessaire de boire. » Ceci fut dit trois fois, exactement comme la première fois. Je ne touchai pas à la bouteille.

Ce qui se passait était pour moi difficile à croire. Tous les matins depuis plusieurs semaines, j'avais demandé l'aide de Dieu, mais je ne m'étais pas douté que l'aide se manifesterait sous cette forme. J'étais stupéfait. C'était comme si, me trouvant à l'extérieur de moi-même, je m'étais regardé en doutant complètement de ce qui m'arrivait.

Alors mon ego entra en scène dans un tourbillon avec tous ses doutes sur lui-même. Il me dit que tout cela n'allait durer que quelques heures, un ou plusieurs jours tout au plus. Il insistait en disant que je n'avais aucun moyen de me débarrasser de ma culpabilité et que le mieux que je pouvais espérer était de noyer celle-ci en continuant à boire.

Je ne bus pas de la soirée et je n'en eus pas envie. Tout se passait sans effort conscient. Le jour, la semaine et même le mois qui suivirent, je n'eus jamais envie d'alcool. Aujourd'hui, je ne comprends encore pas comment cela ne me manqua jamais.

En quatre mois, je perdis près de quinze kilos. Jusque-là, je ne m'étais jamais rendu compte du poids que l'alcool m'avait fait prendre. Quelle joie ce fut pour moi le jour où je donnai mes vêtements à un tailleur pour qu'il les rétrécisse ! J'éprouvai une profonde reconnaissance envers Dieu. Je commençai à ressentir en moi-même qu'avec l'aide de Dieu, rien, absolument rien, n'était impossible.

C'est uniquement vos pensées
qui vous font souffrir.

— Un Cours sur les Miracles

Que pourriez-vous vouloir
qui ne saurait vous être donné par le pardon ?
Voulez-vous la paix ? Le pardon l'offre.
Voulez-vous le bonheur, la tranquillité d'esprit,
la certitude d'avoir un but,
le sentiment d'avoir une valeur et une beauté
qui transcendent le monde ?
Voulez-vous être entouré et en sécurité,
voulez-vous la chaleur d'une protection sûre pour toujours ?
Voulez-vous une tranquillité inviolable,
une douceur qu'on ne peut jamais blesser,
un bien-être profond et durable,
un repos si parfait qu'on ne puisse le troubler ?
Tout cela, le pardon vous l'offre.

— Un Cours sur les Miracles

CHAPITRE 7

SE PROTEGER DE L'AMOUR

Les bruits dans ma tête vous dérangent-ils ?
Ce n'est que la danse de mon ego.

La leçon la plus précieuse que j'appris à l'époque a probablement été la manière dont fonctionne notre ego et combien il peut être intelligent et trompeur. Il voudrait nous faire croire que la discorde, le stress, l'attaque, la peur, la culpabilité et la tristesse sont des attributs sains et normaux de l'humanité. Au plus fort de son activité, il exécute une danse vertigineuse en créant des illusions qui nous empêchent d'avoir conscience de l'amour.

Je commence à voir qu'il y a des moments où mon ego exécute ce que j'appelle sa « danse de guerre », une danse pour sa propre survie. Le rythme de cette danse s'accélère dès que je commence à éprouver un sentiment de paix, car la paix est l'ennemi de l'ego. Ce dernier exécute sa danse de guerre dans le but de combattre Dieu, parce qu'il craint d'être remplacé par Dieu. Le docteur Bill Thetford qui, avec le docteur Helen Schucman, a créé *un Cours sur les Miracles*, m'a dit un jour avec humour que, si jamais *un Cours sur les Miracles* avait une suite, il faudrait l'appeler *L'Ego riposte*.

L'ego emploie toute son énergie à se défendre contre l'amour. Tant que je permettais à mon ego de me maintenir ancré dans le doute et l'incertitude vis-à-vis de l'amour, il pouvait garder son emprise sur ma vie. Avec sa croyance en la pénurie, il m'enseignait qu'il ne pouvait jamais y avoir assez d'amour. Pourtant, il utilisait tout son pouvoir pour me faire croire que je devais craindre l'amour, auquel je ne pouvais me fier et qui risquait de me blesser. Il me disait de croire que les pensées de peur, d'attaque et de défense me donnaient plus de sécurité que celle de l'amour.

La meilleure description de cette période de ma vie est ce que j'ai entendu dire un jour par Jean Houston sur cette manière d'être : « Nous avons l'impression que nous ne sommes que des couches de peau qui véhiculent ici et là un ego ennuyeux comme la pluie. »

Je me mis à voir mon ego comme fabriqué par la peur et la culpabilité, toutes les deux s'acharnant à construire une clôture autour de l'esprit. Comme si l'esprit pouvait être emprisonné ! Que cela soit possible ou non, je ne peux qu'être le premier à reconnaître que mon ego a joliment bien emprisonné mon être spirituel pendant des années en me persuadant que j'étais impardonnable. Mon ego luttait pour m'empêcher de reconnaître que si je franchissais les ponts du pardon, mon esprit serait libéré de l'emprisonnement que je lui imposais.

L'ego se protège de l'amour parce qu'il sait qu'en nous éveillant pour de bon, nous saurons que ses messages sont des illusions et que l'amour est la seule réalité qui soit.

L'ego fait tout ce qui est en son pouvoir pour nous cacher le fait que notre problème essentiel dans la vie est notre peur de la mort et notre peur d'être séparés les uns des autres et d'être séparés de Dieu.

Je découvris que ma lutte contre Dieu était en fait une lutte contre la résistance de mon ego à l'amour et à ses efforts pour m'empêcher de prendre conscience de la présence de l'amour. Cette compréhension fut déjà bien utile, mais je franchis le pas suivant vers la libération de la prison de l'ego en découvrant que nous pouvons nous reformer l'esprit et changer nos perceptions du monde et de nous-mêmes.

L'ego a ses propres règles et, lorsque nous nous mettons à les reconnaître, nous nous mettons aussi à le voir lui plus distinctement. Il n'a alors plus autant de façons d'échapper à notre conscience ou de nous manipuler. Nous pouvons commencer à choisir dans la confiance qui nous allons écouter : lui ou la voix de Dieu et de l'amour.

La santé d'esprit et l'ego

Imaginez un instant que nous avons tous l'esprit divisé : une partie pleinement consciente du fait que nous sommes amour, une autre pleinement convaincue que nous ne sommes chacun qu'un corps avec un esprit séparé rempli de peur et de culpabilité. A l'évidence, ce n'est pas là l'image de la santé d'esprit !

Mais qu'est-ce que la santé d'esprit ? En tant que psychiatre, si je devais réécrire la *Nomenclature des Termes du Diagnostic psychiatrique*, je n'y mettrais qu'un seul paragraphe. Je définirais la santé d'esprit comme «l'état d'esprit dans lequel se trouve la plénitude, où tous les esprits et les coeurs sont unis en tant qu'un et où nous ne cessons de donner et de recevoir l'amour que nous sommes vraiment».

Avec cette définition pour base, j'ai été fou presque toute ma vie, comme l'ont été également des millions de personnes. Jusqu'à ce que nous sachions et que nous acceptions que l'essence de notre être est l'amour, il serait peut-être préférable de considérer que nous sommes tous égaux dans la folie et que ce sont seulement les formes extérieures de nos folies individuelles qui nous font paraître différents les uns des autres.

Les défenses de l'ego

Je vais à présent faire une liste des principes de l'ego qui m'ont aidé à commencer mon évasion de la prison que je m'étais imposée, ainsi que de la danse en circuit fermé sur laquelle repose l'ego. Les défenses de ce dernier n'ont qu'un seul but : nous maintenir dans un état de lutte incessante avec un esprit divisé qui a peur de l'amour.

L'ego veut nous faire croire qu'un bon nombre des croyances sous-jacentes aux affirmations qui suivent sont enracinées dans notre esprit et ne peuvent être changées. Or il n'en est rien. Nous pouvons nous reformer l'esprit, nous pouvons choisir nos pensées et, en fait, nous les choisissons.

Chacune des affirmations qui suivent exprime un message de l'ego. C'est ainsi que nous commençons à comprendre comment l'ego nous empêche de faire l'expérience de nous-mêmes en tant qu'êtres complets et pleins d'amour. La tentation est grande de croire à ces affirmations, mais rappelez-vous qu'elles constituent les voies qu'emploie l'ego pour nous dissimuler l'amour et Dieu. Lorsque nous identifions clairement ces règles de l'ego, nous n'avons plus besoin d'être prisonniers d'elles.

Les défenses de l'ego contre Dieu

1. Le but d'une relation consiste à trouver une personne qui vous aimera plus que toutes les autres. Il consiste également à trouver en qui vous pouvez ou ne pouvez pas avoir confiance.

2. Pour être heureux dans la vie, il faut penser d'abord à votre famille et à vous-même, il faut gagner beaucoup d'argent, posséder de nombreux biens matériels et s'y attacher.

3. L'un des buts premiers dans la vie consiste à trouver quelqu'un que vous pensez pouvoir presque aimer, puis à essayer de le modeler selon votre idée de la personne parfaite.

4. La mort du corps est la fin de la vie.

5. Faire que les autres et vous-même vous vous sentiez coupables est un processus important pour créer un monde meilleur avec plus d'amour.

6. Il est essentiel d'être en état de demande et d'obtenir que les choses se passent à votre façon pour avoir un vie réussie.

7. Pour arriver dans la vie, obtenir est bien plus important que donner.

8. La manipulation et le contrôle des autres sont indispensables à une vie réussie.

9. L'amour a des frontières et des limites, il se borne à ce que nous voyons et entendons.

10. Des critères sont nécessaires pour déterminer la valeur relative de la vie de chacun et pour savoir où nous nous situons par rapport aux autres. Il nous faut sans cesse évaluer les autres et nous-mêmes, quand bien même nous nous tuons mutuellement en faisant cela.

Devons-nous vraiment croire que le passé annonce le futur ? Devons- nous vraiment vivre une vie dans laquelle les ténèbres du passé ne cessent de jeter de l'ombre sur le présent ? L'ego répond :

11. Il est important de garder vivants nos blessures et nos griefs passés pour savoir comment éviter d'être blessés à l'avenir.

12. L'attachement aux gens et aux choses est une partie salutaire de la nature humaine.

13. Craignez l'échec, mais craignez également la réussite.

14. Prenez toutes vos décisions seul en vous basant sur votre compréhension et votre jugement du passé.

Notre esprit s'ouvre lorsque nous sommes disposés à voir sous un jour nouveau les valeurs qui ont paru si chères à notre coeur.

15. Faire des idoles des gens et des choses et instaurer un droit de *propriété* sur eux.

16. Croire qu'il n'y a pas de Dieu; ou, si l'on doit croire en Dieu, croire en un dieu vengeur qui ne pardonne pas.

17. Se soucier de ce que les autres pensent de nous et toujours essayer de gagner l'approbation de chacun.

18. Ne pas faire confiance à ce qu'il y a de bon chez les gens.

19. Il est plus important de se sentir sous tension plutôt qu'en paix, car la tension donne davantage l'impression d'être vivant.

20. Accepter le fait que l'on doit se punir soi-même pour le restant de sa vie et souffrir parce qu'on a fait dans le passé des choses qui sont des péchés et qui ne peuvent être pardonnées.

Est-il possible que nous soyons prêts à avoir confiance en un Dieu qui aime et qui pardonne, que nous soyons prêts à marcher sur les traces de la Création en aimant tout le monde et en pardonnant à chacun ? Quoi que notre coeur puisse nous dire, l'ego répondra sûrement « non ». Ce « non » peut prendre un certain nombre de formes :

21. Il est possible de ressentir un bonheur et un amour absolus tout en ayant dans sa vie certaines personnes auxquelles on n'a pas encore pardonné.

22. Les pouvoirs de l'esprit ont des limites.

23. Il est impossible d'aimer tout le monde également, il est plus important d'aimer ses proches que d'aimer ceux qui ne sont pas de la famille.

24. Il faut maintenir une barrière autour de son coeur et ne pas partager avec d'autres ses sentiments les plus intimes, car cela sera utilisé contre nous.

25. Il y a différentes sortes d'amour et l'amour exclusif est le meilleur.

26. Aider les autres et être à leur service n'est pas aussi important que de s'assurer que ses propres besoins sont satisfaits en priorité.

Ces affirmations ne forment qu'une liste partielle des caractéristiques de l'ego. Plus nous serons disposés à cesser de nous investir en elles, plus nous ferons l'expérience de la paix et de l'amour. Il peut s'avérer utile de les consulter de temps en temps, pour pouvoir décider si nous voulons leur obéir et enseigner la peur, ou si nous voulons nous en défaire et enseigner l'amour.

CHAPITRE 8

ATTACHEMENTS

Le chemin de l'ego
consiste à nous faire oublier Dieu
en cherchant à acquérir et en nous attachant
aux personnes et aux choses.

Le chemin de l'esprit
consiste à nous rappeler Dieu
en ne nous attachant à rien
et en offrant notre amour à chacun
de manière inconditionnelle.

L'ego veut tout et même davantage, il n'est jamais satisfait. Quoi qu'il rajoute à ses acquisitions, ce n'est jamais assez. Ses buts sont multiples et changent constamment. Notre ego veut nous attacher aux gens et aux choses, nous privant ainsi de tout espoir de bonheur. Beaucoup d'entre nous passent leur vie à aller d'une personne à l'autre, d'une chose à l'autre, espérant frénétiquement que cela leur apportera la paix et le bonheur.

Nos attachements semblent n'avoir pas de fin. Si nous n'y veillons pas, dès que nous en abandonnons un, un autre prend sa place. Nous nous attachons à des corps et à certains de leurs éléments; nous nous attachons au sexe, à notre intellect, à notre logement, à l'argent et à toutes sortes de choses; nous nous attachons même à la peur, à des pensées d'attaque et de défense, à la colère, à la haine et aux soucis.

Lorsque j'ai appris que je pouvais choisir ce que je mettais dans mon esprit, j'ai commencé à laisser disparaître mon attachement à mes inquiétudes. Ce processus de lâcher prise a suivi ma compréhension du fait que j'avais vraiment le choix.

A mesure que nous nous attachons aux gens et aux choses, notre ego nous conduit à en faire des idoles. Ces idoles nées de l'attachement sont des défenses qui nous empêchent d'avoir l'esprit en paix. Notre ego lutte contre Dieu en nous faisant aimer nos attachements et en nous faisant continuellement croire qu'il y a toujours quelqu'un ou quelque chose que nous devons posséder pour être heureux et pour combler le vide que nous ressentons. L'ego ne veut pas que nous comprenions que ces attachements ne sont que des substituts vides de l'amour.

Dans un monde tellement attaché à la drogue, je me range du côté de Mère Teresa lorsqu'elle dit que les toxicomanes souffrent d'un manque d'amour. Ils ont besoin d'un surcroît d'amour et non d'attachements ou de substituts de l'amour.

L'une des manières les plus efficaces que je connaisse pour continuer à exclure Dieu de notre vie consiste à s'attacher à l'argent et à en faire notre dieu. Malgré cela, chez bon nombre d'entre nous, l'argent constitue l'aliénation première. Dans le présent chapitre, je vous confierai comment je me suis servi de mon attachement à l'argent pour laisser Dieu en dehors de ma vie. Je décrirai également certaines choses que j'ai trouvées utiles pour commencer à me libérer de cet attachement.

Culpabilité, argent et manipulation

En 1956, lorsque j'ai commencé à avoir une clientèle privée de psychiatre, je gagnais bien plus d'argent que ce dont j'avais pu rêver. J'en dépensais aussi beaucoup plus et *j'en devais plus que je n'aurais jamais pu l'imaginer.*

J'étais très mauvais gestionnaire. J'ai fini par vivre au-dessus de mes moyens et, comme mes parents, j'avais presque constamment des soucis d'argent. Mon ego et mon attachement à la culpabilité me firent croire que je ne méritais pas d'avoir de l'argent et tout ce qu'il permettait d'acheter. J'ai fini par éprouver un sentiment de pénurie malgré ce que j'avais.

En tant que mari et père, je ne pouvais m'empêcher de me servir de l'argent pour manipuler les autres. J'essayais toujours de les contrôler, principalement par le moyen de l'argent. Avec un coeur fermé, rempli de peur et de culpabilité au lieu d'être rempli d'amour, j'utilisais l'argent pour remplacer l'amour, même si une partie de moi en savait l'inefficacité. Tant que j'avais l'argent pour idole, je ne pouvais trouver nulle part la présence de Dieu.

Beaucoup d'hommes gardent leur emprise sur leur femme au moyen de l'argent et beaucoup de femmes se mettent dans un état de dépendance et d'impuissance en troquant leur pouvoir contre les richesses matérielles et la sécurité. Bien des couples restent ensemble à cause de l'argent du mari. Celui-ci décide de tout, alloue à sa femme une sorte de pension et ne clarifie pas les bases financières de leur couple. De tels mariages sont construits sur la peur et le contrôle et non pas sur l'amour.

Lors de mon divorce, la question de savoir comment l'argent serait partagé devint la lutte égotique la plus importante de ma vie. Il m'est encore pénible de regarder en arrière et de voir à quel point je baignais dans la peur et la folie.

Lorsque vous êtes poussé à penser d'abord à vous-même, lorsque vous vous souciez d'acquérir et de conserver les choses, vous ne pouvez pas beaucoup goûter la paix de l'esprit. La peur et l'avidité constituent le noyau de l'ego qui agit toujours comme si tout manquait.

Donner et recevoir sont une seule et même chose

Le Centre de Guérison des Attitudes nous a procuré, à moi-même et à bien d'autres, des expériences qui furent des leçons riches et pleines d'enseignement. L'une des expériences les plus importantes que j'y ai vécues touchait à mon attitude face à l'argent et au manque. En la relatant, j'espère pouvoir faire partager à d'autres le processus qui m'a conduit à une guérison.

Je fus guidé à ne jamais faire payer les services du centre et à avoir confiance dans le fait que Dieu pourvoirait aux besoins. L'éthique du centre est basée sur le fait de donner et non pas d'acquérir. Il anime d'une nouvelle vie le principe selon lequel donner et recevoir sont en vérité une seule et même chose.

Lorsque nous focalisons toute notre énergie sur l'aide que nous apportons à un compagnon de voyage sur notre chemin, nous sommes surpris de voir comme notre coeur s'ouvre vite à la présence de la paix. Aujourd'hui, la plus grande joie que j'éprouve n'a rien à voir avec ce que je possède ou ce que je suis sur le point d'acquérir. Elle n'a rien à voir avec l'argent ou les désirs du corps physique.

Pour moi, la plus grande joie au monde survient dès que je ne m'occupe plus de moi-même et de mes désirs et que je tends une main secourable à quelqu'un en lui offrant la paix et un amour inconditionnel.

Un jour, au cours de ma méditation, j'ai reçu un message intérieur me disant non seulement de continuer à offrir bénévolement mes services au centre, mais également de cesser de demander des honoraires à ma clientèle privée.

Une fois de plus, ma lutte contre Dieu était ravivée et me délivrait d'anciens messages de manque provenant de mon ego: comment allais-je gagner ma vie? Qui allait payer mes factures? N'était-ce pas une voix folle que j'entendais? N'étais-je pas au bord d'une sorte de psychose spirituelle? Mon ego ne cessait de me dire combien tout ceci était stupide et ridicule, et il me suggéra très clairement d'oublier le plan de Dieu et de me remettre à écrire mon propre scénario. La carte maîtresse de mon ego m'annonçait que tous les gens que je connaissais penseraient que j'étais fou. Après tout, n'avais-je pas déjà assez souffert de ce genre de choses dans ma vie ?

A ma grande surprise, je suivis ma voix intérieure et décidai de ne pas tenir compte de mon ego. Le processus lui-même fut facile : je pris la décision de ne pas m'inquiéter de ce que les autres pourraient penser de moi, ce qui n'était pas dans mes habitudes. Ceux qui, parmi mes patients, pouvaient me régler mes honoraires sans problème furent plus qu'intrigués, et moi aussi.

Quelques mois après que j'eus cessé de faire payer mes services, ma secrétaire m'avertit de toutes les factures qui s'entassaient. J'avais engagé toutes mes économies sur ma croyance que je ne devais pas demander d'honoraires pour mon travail et j'avais déjà épuisé toutes mes réserves financières. Avec beaucoup de diplomatie, ma secrétaire me suggéra de recourir à un psychiatre.

C'est alors que des choses incroyables se produisirent. J'avais travaillé sur mon livre *Aimer c'est se Libérer de la Peur*. Je savais que le fait de l'écrire avait un effet thérapeutique sur moi, mais je ne m'étais pas attendu à ce qu'il se vende bien. Cette limitation s'avéra fausse, comme d'ailleurs la plupart des jugements de mon ego. Le livre devint un best-seller et une source de revenus apparut.

Avec le succès du livre, on me demanda de faire des conférences dans tout le pays. Comme je m'étais toujours considéré timide et maladroit, j'étais effrayé à l'idée de parler en public. Et voilà que, presque du jour au lendemain, j'étais sur la liste des conférenciers que l'on s'arrachait. En me rendant compte que la voix de mon ego était à l'origine de la peur et de la séparation que j'éprouvais à propos de ces conférences, je choisis de cesser de l'écouter et, à la place, d'écouter la voix de l'amour. Subitement, je n'eus plus peur de parler en public. J'y prenais même plaisir. Mon ego interférant de moins en moins, je cessais de préparer mes conférences comme je l'avais fait jusque-là. Mon ego se faisait plus discret et je laissais peu à peu la voix de l'amour parler à travers moi.

Lorsque je la laissais parler, les gens paraissaient tirer meilleur profit de mes conférences. C'était comme si je ne faisais plus le travail moi-même. Les mots semblaient simplement passer à travers moi.

De l'argent se mit à affluer par ces conférences et je continuais à recevoir ma clientèle privée sans demander d'honoraires. Il m'était difficile d'admettre ce qui se passait. Mes anciennes inquiétudes concernant l'argent se dissipaient peu à peu. Dans un certain sens, l'argent commença à m'apparaître comme une énergie. L'argent ne m'appartenait pas vraiment; c'était plutôt une énergie qui appartenait à Dieu, une énergie à utiliser pour le bien.

Demeurer dans le présent

Quelques années plus tard, j'appris une leçon importante alors que je rendais visite à mon fils Lee, chez lui à Mexico. Nous sommes allés sur un tout petit marché. Ce jour-là, Lee a fait une chose que je n'avais jamais vu faire à personne auparavant : il acheta un rouleau de papier hygiénique, un morceau de savon et ce qu'il faut de sel et de poivre pour une journée.

Pour la plupart, lorsque nous nous rendons sur un marché, nous achetons une bonne quantité de ces produits en faisant des stocks pour l'avenir. Voyant cela, je me suis souvenu des paroles de Jésus disant que nous devions avoir la confiance des oiseaux qui vivent au jour le jour et qui ne prennent que ce dont ils ont besoin pour la journée. J'ai compris alors combien j'avais eu peur du futur presque toute ma vie et, partant, combien j'avais laissé échapper le présent. Je me suis aussi souvenu de cette femme, Peace Pilgrim, qui avait abandonné tous ses biens matériels après avoir décidé de vivre uniquement dans le présent. Elle avait totalement confiance dans le fait que Dieu pourvoirait toujours à tout et ne la laisserait jamais dans le besoin.

Je trouve que mon attitude face à l'argent n'est pas encore permanente; elle fléchit de temps en temps. Néanmoins, en général, je ne m'inquiète plus des sources de revenus et je ne crains pas l'insécurité du futur. A présent, l'argent surgit sans que je m'y attende. Par exemple, le centre a tenu récemment sa première Conférence Internationale de Guérison des Attitudes à l'Université de Californie à Santa Cruz. Il y eut de nombreux participants qui vinrent de tous les coins du monde. La semaine suivante, je reçus une contravention provenant du service de police du campus. Je leur envoyai un chèque et oubliai l'affaire.

A ma grande surprise et à ma joie, on me retourna mon chèque. La lettre d'accompagnement disait : « Je vous retourne votre chèque de douze dollars. Je connais bien votre livre et je pense que vous avez dû être là pour parler au cours d'une conférence. Je suis certain que cet argent sera bien mieux dépensé dans votre travail avec les enfants. » Elle était signée du directeur de la police du campus.

En 1987, la république populaire de Chine nous a invités, Diane Cirincione et moi, à emmener en Chine des enfants par le biais de notre association « Children as Teachers of Peace » (Les Enfants : Enseignants de la Paix). Comme la date de notre départ approchait, l'argent dont nous avions besoin pour le voyage ne s'était pas encore matérialisé et Diane et moi-même commencions à nous demander si le Voyage de Paix en Chine faisait bien partie du plan de Dieu.

Puis, au cours de l'une de nos conférences, un inconnu se présenta et voulut avoir des nouvelles de notre voyage en Chine. Après que nous lui ayons expliqué la situation, il nous demanda de combien nous avions besoin. Six semaines plus tard, il nous envoya un chèque représentant exactement la somme requise.

Il se passa exactement la même chose pour un projet dans lequel nous aidions des orphelins au Nicaragua. En apprenant ce dont nous avions besoin, un de nos amis d'Europe nous envoya un chèque couvrant les dépenses d'une fête de Noël pour des orphelins.

J'étais au Nicaragua le jour de Noël et j'avais apporté avec moi des cadeaux et des vêtements de la part d'enfants de la région de San Francisco. Je voulais téléphoner chez moi de Managua, mais c'était impossible.

Néanmoins, une équipe des informations de la chaîne de télévision CBS assistait à la fête. Elle la filma, ainsi que moi dans un costume rouge de Père Noël en train de distribuer nos cadeaux. Beaucoup d'amis et de membres de ma famille regardèrent les nouvelles ce soir-là, si bien que je n'eus pas besoin d'appeler chez moi. J'aime à penser que j'étais béni par Dieu ce jour-là et qu'un arrangement céleste avait été préparé pour que je puisse communiquer avec ceux que j'aimais aux Etats-Unis.

Avant que je ne prenne la décision de suivre un chemin spirituel, de telles choses ne m'arrivaient jamais. Mais aujourd'hui, elles m'arrivent de plus en plus souvent et j'apprends que les miracles se produisent naturellement.

A l'arrière de ma Honda Civic modèle 78, j'ai un autocollant qui dit: ATTENDEZ-VOUS A UN MIRACLE. C'est ce que je fais.

J'ai la conviction qu'il n'y a qu'un seul attachement qui puisse sauver le monde et y apporter la paix, c'est l'attachement à se donner les uns aux autres un amour inconditionnel.

Un amour vrai
s'accompagne toujours
d'un sentiment d'émerveillement propre aux enfants
et fait toujours apprécier
le mystère de la vie
qui est au-delà de notre compréhension humaine.

CHAPITRE 9

SE DECOUVRIR UNE FINALITE

LACHER PRISE

Aide-moi à laisser disparaître ma préoccupation
   du futur.
Donne-moi la force de cesser
   de vainement tenter
   de prédire et de contrôler le futur.
Fais-moi voir qu'il n'est point de valeur dans les plans
   que j'établis pour donner une forme au futur.

Débarrasse-moi de mes questions insensées
   sur demain
Et de tous mes désirs de manipuler et de contrôler les
   autres.

Rappelle-moi que mes peurs et mes incertitudes
   sur le futur ne sont rattachées
   qu'à la peur non fondée que j'ai de Toi.

Aide-moi à être tranquille,
   aide-moi à écouter et à aimer.

Eveille-moi à la vérité que Ta Présence se trouve
   uniquement dans le maintenant de cet instant.

Prends-moi dans Tes Bras, élève-moi et rappelle-moi
   que je suis Ta Création
   et que je suis la Perfection de l'Amour.

Aide-moi à reconnaître que je suis Ton Messager
 d'Amour et rends-moi libre de répandre
 partout Ta Lumière.

Laisse-moi sentir Ta Liberté en moi et
 laisse-moi rire des illusions
 dont mon ego m'a fait si bien sentir
 un jour la réalité.
Que je sois lumière; que je sois joie; que je sache que je
 suis Ton reflet où que je sois
 et partout où je vais.

L'ego ne veut pas que nous sachions qu'il a comme but de nous garder prisonniers de la peur, persuadés que la souffrance et la séparation existeront toujours dans le monde. L'une des manières dont il s'y prend consiste à nous amener à constamment juger les autres en déterminant qui est coupable et qui mérite nos attaques.

Je suis consterné du nombre de fois où j'ai permis à mon ego de sévir et du temps que j'ai passé à avoir l'impression que mon but dans la vie consistait à trouver les erreurs des autres et à juger leurs comportements. Dans un certain sens et sans en avoir conscience, j'ai agi comme le dieu vengeur dont j'avais peur, en déterminant qui était coupable, qui était innocent et qui méritait mon amour. Mes diplômes de psychiatre m'ont donné une certaine crédibilité pour faire cela avec une compétence professionnelle aussi bien à mon cabinet qu'en dehors.

Avant 1975, je ne me rendais pas compte à quel point je recherchais les erreurs des autres et je les critiquais. Un horrible exemple illustre cela et concerne le service téléphonique des abonnés absents que j'utilisais. J'ai eu tellement honte de cet incident que, pendant très longtemps, je n'en ai parlé à personne.

A ma connaissance, je suis le seul médecin qui ait été renvoyé par son service téléphonique. Il y a eu de nombreux médecins qui ont cessé d'utiliser tel ou tel service, mais pas l'inverse. A cette époque, j'avais toutes sortes de problèmes avec mon service téléphonique; ils oubliaient de me transmettre des messages ou me communiquaient de mauvais numéros. C'était particulièrement gênant et je me plaignais souvent. J'avais la certitude d'avoir raison et j'étais persuadé que ma colère était pleinement justifiée, que toutes mes récriminations étaient fondées.

Lorsque les choses n'allaient pas, je n'hésitais pas à dire à l'opérateur ce que je pensais et je faisais en sorte que la personne de service à ce moment-là sache exactement ce que je ressentais. Néanmoins, malgré mes récriminations, les problèmes continuèrent et ma colère et ma rancoeur empirèrent.

Vous vous imaginez ma surprise lorsque je reçus une lettre m'annonçant que, vu la difficulté qu'il y avait à travailler avec moi, le service ne m'aurait plus comme client. Je me dis que tous les médecins avaient de temps en temps des problèmes avec leur service téléphonique; j'étais sûr de ne pas récriminer ni de chercher plus querelle que les autres. J'avais bien tort. Le service me dit que j'étais le plus difficile de leurs clients. Ce n'était certainement pas là l'image que j'avais de moi-même. Je voulais croire que j'étais vraiment quelqu'un de sympathique, qui ne se mettait pas plus en colère que les autres médecins qui utilisaient ce service.

En me forçant à regarder la situation que j'avais créée, je commençai à voir beaucoup de choses que je me cachais.

Je vis d'abord combien je pouvais être sec avec les gens au téléphone et particulièrement avec les opérateurs du service des abonnés absents. Je me mis à la place de ces opérateurs et commençai à comprendre leur impatience et leur hostilité à mon égard. Je me demandai comment je pouvais être si aimable, patient et bien intentionné à l'égard de ceux qui venaient me voir à mon cabinet, et tellement cruel et agressif à l'égard des autres. Ce fut une épreuve de me voir tel que les autres me voyaient.

Après le démarrage du Centre de Guérison des Attitudes, un des principes qui prit une grande importance pour nous était: « Maintenant est le seul temps qui soit. » En travaillant sur cette idée, je me suis rendu compte que, lorsque je téléphonais, je parlais rapidement pour pouvoir passer à l'occupation suivante qui me paraissait toujours bien plus importante que ce que j'étais en train de faire. J'étais encore tellement absorbé par le passé et le futur que je n'avais pas l'impression d'avoir du temps pour pardonner et aimer dans le moment présent.

Je pris davantage conscience du fait que, quel que fût le moment, c'était toujours le seul temps qu'il y avait et que c'était un moment éternel pour aimer, pardonner et donner. Je fis de mon mieux pour voir que le but de toute relation est de *s'unir*. Je commençai aussi à me souvenir du fait que Dieu n'est jamais pressé.

Je m'abonnai à un nouveau service téléphonique en adoptant une attitude entièrement nouvelle. Je voulais guérir mon passé en me pardonnant moi-même et en laissant disparaître mon ancien attachement à mon ego. Il était clair pour moi que mon objectif dans toute relation était de s'unir, de donner et d'aimer. Juste avant d'appeler mon nouveau service téléphonique, j'offrais une courte prière en demandant à Dieu de m'aider à être bienveillant et à pardonner, quels que fussent les problèmes qui pourraient surgir. Chaque fois, je me rappelais qu'il n'y avait pas d'autre moment plus important dans la vie que le moment présent.

Je me disais que mon but dans la vie n'était pas d'obtenir quelque chose ou de juger les autres. Je ne cessais de me dire que mon but dans la vie était d'aimer et d'étendre ma paix intérieure.

Cela ne m'était pas du tout facile. Mes anciens types de comportement étaient tellement automatiques que, si je ne m'arrêtais pas d'abord pour penser, je jugeais de nouveau et projetais ma colère sur les autres.

Il se produisit alors une chose étonnante. Je me trouvais beaucoup plus calme au téléphone. Je n'étais plus si pressé. Il devint particulièrement important de me rappeler qu'en cet instant même je pouvais être chez moi dans le coeur de Dieu. Le futur était vraiment maintenant.

Finalement, je compris que je ne pourrais jamais étendre et donner de l'amour aux autres tant que je ne serais pas disposé à accepter l'amour inconditionnel de Dieu pour moi. Tant que je voyais le monde comme un endroit hostile et dénué d'amour, je ne pouvais pas me montrer vraiment bienveillant envers les autres.

Il me fut difficile de laisser disparaître ma croyance selon laquelle je ne méritais pas l'amour à cause de mon passé coupable. Cependant, je commençai lentement à changer mon système de croyance et il se produisit ce que je perçus comme un « miracle d'amour ».

J'étais abonné à un nouveau service téléphonique depuis quelques mois quand les propriétaires de cette société m'appelèrent pour me dire combien ils appréciaient de collaborer avec moi et à quel point ils admiraient le travail que nous faisions au centre. Ils me dirent qu'ils avaient pris la décision d'offrir au centre la gratuité illimitée de leurs services.

Je suis en train d'apprendre qu'il y a toujours des témoins pour les vérités qui surviennent dans notre vie afin de nous rappeler que nous sommes sur le bon chemin.

La paix que je ressens est exactement proportionnelle à la clarté avec laquelle je me focalise sur mon but. Il y a néanmoins encore des jours où ce but m'apparaît très brumeux.

CHAPITRE 10

LE DEBUT DU LACHER PRISE

J'ai ressenti la lumière en moi aujourd'hui.
J'ai ressenti la puissance de l'amour de Dieu
Comme une rivière bienveillante et bouillonnante
Qui coule dans tous les aspects
De mon être...

Que s'est-il passé ? Qu'ai-je fait ?
Je me suis simplement effacé,
J'ai mis mon ego de côté
Et j'ai laissé Dieu me montrer le chemin.

Mon abandon à Dieu commença lorsque je finis par me rendre compte que ma vieille façon de prendre des décisions ne marchait tout simplement pas. Elle ne m'apportait ni la paix ni le bonheur.

Je m'étais aperçu qu'en prenant mes décisions sur la base de mon ego, je choisissais de souffrir et de jouer le rôle d'une victime. Plus j'étais capable de pardonner aux autres et à moi-même, plus je pouvais laisser disparaître mon besoin de souffrance et de sacrifice. L'ego veut nous cacher le fait que personne n'a besoin de souffrir à moins que, à un certain niveau, il n'ait choisi de souffrir. Ce n'est ni les autres ni les événements qui nous font souffrir.

Venir à Dieu les mains vides

Pour moi, l'une des leçons les plus difficiles fut peut-être celle de m'abandonner à Dieu et à l'amour. Le processus me fut présenté de bien des manières, depuis cette leçon qui me fut donnée lorsque je cessai de me faire payer mes services, en passant par la prise de conscience du fait que je n'avais plus besoin de préparer mes conférences ou cette période durant laquelle je commençai à changer d'attitude vis-à-vis de mon service téléphonique.

Chaque fois que je m'égare et que mon ego s'efforce de se faire entendre, je me dis que je n'ai rien d'autre à faire que de cesser mes tentatives pour écrire mon propre scénario. J'apprends progressivement à laisser la Source Créatrice de l'univers être à la fois mon metteur en scène et mon scénariste. Comme cela semble souvent difficile ! Mais aussi, qu'il est facile et libérateur de venir enfin à Dieu les mains vides pour dire avec conviction : « Que Ta volonté et la mienne soient une. »

En septembre 1975, je me mis à photographier les mains ouvertes de certaines personnes. Chez moi, dans mon escalier, il y a tout un mur couvert de photographies de mains ouvertes. Elles sont là pour me rappeler quotidiennement que, si je veux connaître la paix de Dieu et lui permettre de diriger ma vie, il me faut m'attacher à rien et venir les mains ouvertes.

Je finis par comprendre qu'en dépit de ma formation de psychiatre, je ne savais pas ce qui était le mieux pour moi et, a fortiori, pour les autres. Lorsque je me mis à écouter la voix intérieure de la sagesse, et non plus celle de mon ego avec ses myriades de perceptions que j'appelais des «faits», toute une nouvelle réalité remplie d'espoir s'ouvrit à moi.

Lorsque je veux être tranquille et écouter ma direction intérieure, je sens qu'il m'est nécessaire, même si c'est ardu, de vider mon esprit de toute pensée conflictuelle. Je m'aide parfois en créant une image mentale représentant un vide-ordures. Je me visualise en train d'y jeter toutes mes pensées conflictuelles; puis je le fais fonctionner pour me débarrasser de toutes mes pensées «à jeter». Habituellement, des pensées divines d'amour remplacent très vite toutes ces pensées négatives.

Quelqu'un que j'ai beaucoup admiré et qui a été un maître précieux pour moi et pour des milliers de gens fut Peace Pilgrim (le Pèlerin de la Paix). Lorsqu'elle atteignit un certain âge, sa direction intérieure lui demanda d'abandonner tous ses biens matériels pour être une messagère de paix, guidée seulement par la voix de Dieu. Elle ne savait jamais où elle allait dormir le soir ni d'où viendrait sa nourriture. Elle disait a tout le monde qu'elle avait simplement confiance.

Je l'ai vue à la télévision peu avant sa mort. Le présentateur était impressionné par sa présence. Il en vint à lui dire : « Vous rayonnez une paix et une joie incroyables. Quel est votre secret ? » Sa réponse fut simple et immédiate : « Je n'ai jamais de pensée insipide et je ne mange jamais de nourriture insipide. » Il ne faisait aucun doute qu'elle laissait Dieu écrire le scénario de sa vie chaque jour et à chaque instant. Sa confiance et sa foi n'étaient pas des demi-mesures; elle s'y donnait à cent pour cent.

Je me suis souvent dit que le monde serait tellement meilleur si nous suivions tous le chemin intérieur de Peace Pilgrim.

Avoir confiance en notre voix intérieure nécessite de l'humilité. Lorsque je me suis mis à étudier le *Cours*, je n'avais confiance qu'en la voix de mon ego; le mot *humilité* ne faisait même pas partie de mon vocabulaire. Mon ego ne cessait de me rappeler que j'avais de nombreux diplômes; j'étais persuadé que mon éducation et mes expériences passées étaient bien plus fiables que cette voix intérieure que je n'étais même pas certain d'entendre.

Bien que je sois de plus en plus sûr de suivre le bon plan de route et d'aller dans la bonne direction (en écoutant, en étant tranquille, en m'abandonnant et en apprenant à avoir confiance), ma lutte pour avoir confiance en ma direction intérieure continue toujours à faire partie des grandes batailles qui se livrent en moi.

Des gens sur le chemin

Robert Young

Robert Young et sa femme Betty ont été de bons amis et ont aidé le Centre de Guérison des Attitudes en Californie, à Tiburon, pendant de nombreuses années.

Bob (Robert) m'a confié un jour que, lorsqu'il jouait dans la série télévisée *Father Knows Best*, sa fille, alors adolescente, lui dit : « Papa, explique-moi pourquoi, toutes les semaines à la télévision, tu résous les problèmes familiaux les plus difficiles à imaginer alors que tu parais tellement stupide à la maison. » Il rit et répondit : « Eh bien, ma chérie, c'est que dans les studios de télévision, j'ai un bon scénariste. »

J'ai eu la chance d'observer ce couple dévoué, formé par Betty et Bob. Chacun d'entre eux fait son possible pour suivre son chemin spirituel et laisser Dieu écrire le scénario. C'est cela l'abandon.

Pour la plupart, nous passons obstinément notre vie à écrire notre propre scénario où à laisser les autres l'écrire pour nous. Il nous est difficile de reconnaître que, en faisant cela, nous menons une vie basée sur des perceptions très fragmentées du passé. Nous voyons rarement les choses telles qu'elles sont vraiment et nous ne les voyons jamais dans leur ensemble. C'est la raison pour laquelle chaque perception individuelle relative à un événement donné semble toujours si différente et nous renseigne mieux sur l'ego d'une personne que sur la vérité. Nous voyons continuellement ce à quoi nous croyons.

La forme que prend l'ego de chacun varie considérablement, mais son noyau central est toujours le même. Notre ego étant avant tout un mécanisme de défense, il ne peut qu'écrire un scénario basé sur la peur. Il ne sait que prendre des décisions fondées sur nos expériences passées en pensant toujours d'abord à nous-mêmes. Il nous dit de nous protéger du futur en prenant des décisions basées sur des jugements du passé et d'anciennes blessures. Sa devise est : « Ne fais pas confiance à l'amour. Ne fais pas confiance à Dieu. Ne t'abandonne jamais à Dieu ni à qui que ce soit. »

Mère Teresa

Bien que je l'aie déjà souvent racontée, voici une histoire relative à l'abandon qui vaut d'être répétée ici.

J'ai eu la grande chance de passer quelque temps avec Mère Teresa à plusieurs reprises. Nous nous sommes rencontrés pour la première fois à Los Angeles en 1979. Elle m'a demandé alors pourquoi j'étais venu la voir et je lui ai répondu que je voulais apprendre à m'abandonner entièrement à Dieu. Mère Teresa représentait pour moi, peut-être plus que personne au monde, quelqu'un qui avait appris à faire cela.

Nous avons parlé de beaucoup de choses durant la première heure de notre rencontre. Je n'ai peut-être jamais ressenti autant de paix qu'alors. Elle devait prendre l'avion pour Mexico un peu plus tard ce jour-là et je voulais l'accompagner, mais j'avais peur de le lui demander.

Finalement, je rassemblai tout mon courage et lui dis : « Je ressens une grande paix par le simple fait d'être en votre présence. Me serait-il possible de prendre l'avion pour Mexico avec vous, simplement pour être en votre présence et prier avec vous ? »

Sa réponse me combla de joie : « Docteur Jampolsky, je n'ai aucune objection à votre désir de venir à Mexico avec moi. » Puis, avec douceur, bienveillance et amour, elle ajouta : « Mais je pensais que vous étiez venu me voir pour apprendre quelque chose sur l'abandon total ? »

« Oui, Mère, c'est exactement pour cela que je suis ici. »

« Eh bien, reprit Mère Teresa, je pense que vous pouvez en apprendre davantage sur l'abandon total en *ne venant pas* avec moi à Mexico et en donnant aux pauvres l'argent que vous auriez dépensé pour le voyage. »

Je repris l'avion pour rentrer chez moi à Tiburon et j'envoyai des chèques d'un montant égal au prix d'un billet aller-retour pour Mexico et d'un autre billet aller-retour nécessaire pour aller voir Frère Jeremy chez les Frères de la Charité à Los Angeles. Puis j'écrivis une lettre à Mère Teresa à Calcutta en la remerciant de son conseil. Six semaines plus tard, je reçus de Mère Teresa une lettre manuscrite de plusieurs pages.

Chaque fois que je me trouve avec Mère Teresa, nous parlons de l'abandon. Elle m'a dit, un jour, que nous ne pouvons évidemment pas faire attention à Dieu à chaque seconde de notre vie mouvementée, mais que la chose importante était notre *intention* de le faire. Cette seule phrase me délivra d'un énorme monceau de culpabilité.

En faisant une tournée de conférences avec mon fils Lee, j'ai de nouveau rencontré Mère Teresa;

nous devions parler au cours du même congrès à Bombay.

Lee et moi avions une voiture et on nous a demandé d'aller chercher Mère Teresa pour le congrès. Ensuite, elle devait donner des conférences dans trois villes et elle nous invita tous les deux à l'accompagner.

Nous restâmes avec Mère Teresa vingt heures dans le même véhicule. A un moment donné, Lee lui demanda : « Quelles sont les deux caractéristiques les plus importantes qu'il faut avoir si l'on veut travailler dans une profession thérapeutique ? » Elle répondit : « L'humilité et la douceur. » Je souris car ces deux qualités n'avaient jamais été mentionnées dans mon université de médecine. Et je doute fort qu'on les y enseigne aujourd'hui, ne serait-ce que dans quelques universités.

Au cours de ce voyage en compagnie de Mère Teresa, je me suis souvenu de notre première rencontre et de ma suggestion de passer plus de temps avec elle. Dans le miracle que je vivais ce jour-là, je reçus la leçon suivante lorsque vous renoncez à une chose que votre ego pense que vous voulez, elle peut revenir de bien des manières sous forme d'un cadeau merveilleux.

Récemment, je reçus une leçon d'humilité à bord d'un avion. Avant le voyage en question et au cours de mes cinq voyages précédents, des membres de l'équipage m'avaient dit qu'ils étudiaient le *Cours sur les Miracles,* qu'ils avaient lu mes livres ou assisté à mes conférences, et en avaient beaucoup retiré.

Pendant ce voyage, je commençais à remonter l'allée entre les sièges lorsqu'une hôtesse m'arrêta en me disant : « Bonjour, Jerry ! » Je m'immobilisai en attendant qu'elle me dise qu'elle avait lu mes livres ou qu'elle avait assisté à mes conférences. Au lieu de cela, elle sourit et me montra ma manche.

Je me suis alors souvenu que je portais un sweater avec mon nom sur la manche.

Je sentis que Dieu me donnait une petite leçon d'humilité et je me rappelai la remarque qu'avait faite Mère Teresa à mon fils justement à propos de l'humilité.

Le fait de s'abandonner à Dieu et d'être dirigé par une voix intérieure peut se produire à des moments et en des lieux inattendus, même dans un bar. Il y a quelques mois, je lisais le journal *San Francisco Examiner* lorsque je fus attiré par la photographie d'un visage d'homme. Il s'agissait d'un noir de soixante-sept ans dont le sourire allait d'une oreille à l'autre. Ses yeux brillaient d'une lumière extraordinaire.

En lisant l'article, j'appris que cet homme avait été docker toute sa vie et qu'il avait pris sa retraite à soixante-cinq ans. Il était alcoolique et allait tous les jours au même café. Un jour, il se rendit compte qu'il s'ennuyait et décida d'appeler l'univers à l'aide, mais il ne s'attendait pas vraiment à une réponse. Cependant, il entendit une petite voix en lui, lui disant de sortir et d'acheter un balai et une brouette. Il ne faisait aucun doute pour lui que, pour la première fois de sa vie, il avait entendu la voix de Dieu. Puis il reçut comme instruction de balayer chaque jour les rues qui avoisinaient la Mission High School. Il fit simplement cela et s'arrêta de boire. Il se rendit bientôt compte qu'il était devenu un grand-père de remplacement pour de nombreux élèves et que les enfants l'adoraient, lui et son sourire. Il n'y avait plus un élève qui osait jeter quoi que ce fût dans la rue après avoir fait la connaissance de cet homme.

Celui-ci ne cherchait pas à se faire valoir, il voulait seulement faire le travail de Dieu. Il disait qu'il ne s'était jamais senti autant en paix et heureux qu'à présent. Il sait que sa mission dans la vie consiste à être un messager de l'amour de Dieu et que la forme de ce qu'il donne consiste à balayer les rues et à se lier d'amitié avec les étudiants de la Mission High School.

Bien que cet homme soit un inconnu, j'ai la conviction que ce qu'il fait est en tout point aussi important que le travail de Mère Teresa. Je crois de tout mon coeur que chacun de nous joue un rôle essentiel dans le plan de Dieu durant le court instant que nous passons ici sur terre dans la forme physique.

L'abandon consiste d'abord à demander à la Puissance Suprême ce que nous pouvons faire pour apporter l'amour, l'union, l'harmonie et la joie dans notre monde. Chaque fois que nous acceptons l'amour de Dieu pour nous, chaque fois que nous donnons notre amour aux autres et que nous faisons naître un sourire sur le visage de quelqu'un, nous faisons avancer d'un grand pas la guérison d'un monde qui souffre d'un manque d'amour.

Lorsque nous nous abandonnons, lorsque nous voulons vraiment écouter, nous pouvons trouver des réponses sur les lèvres de ceux qui sont les plus proches de nous à ce moment-là. La réponse ne vient pas toujours d'une voix intérieure. Dans mon travail avec les enfants, on me rappelle cette vérité simple à maintes et maintes reprises.

J'ai une amie de onze ans, très sage, qui s'appelle Lalita Riggs et qui a écrit quelque chose de merveilleux pour notre livre « *Les Enfants : Enseignants de la Paix* » : « Les adultes sont aussi des enfants car, dans tout coeur d'adulte, il y a la vie d'un enfant qui demeure là pour toujours. Alors, s'il vous plaît, écoutez les enfants car, lorsque vous ne les écoutez pas, cela revient à ne pas vous écouter vous-mêmes. »

ABANDON

Et j'ai demandé : « Quel est le secret
  d'un abandon total à Dieu ? »

Et l'on m'a dit :

« Le secret de l'abandon est tout simplement
  d'être.
Le secret de l'abandon est tout simplement
  de ne pas penser.
C'est laisser la perception se dissoudre doucement
  dans la connaissance de l'amour,
  dans la terre du non-changement,
  le Royaume de Dieu.
C'est entendre la tendresse des vagues
  qui embrassent la plage,
  qui s'unissent et deviennent une.
C'est la perception qui se dissout
  dans la connaissance de l'essence unique et parfaite
  de l'amour et de Dieu.
Le secret de l'abandon est simplement de
  ne rien faire et d'être. »

CHAPITRE 11

ECOUTER

Aimer, c'est Ecouter
et
Ecouter, c'est Aimer.

On a beaucoup écrit sur l'art d'écouter nos maîtres intérieurs et pourtant, pour la majorité d'entre nous, l'apprentissage de cette écoute reste une chose confuse. Une partie de la difficulté réside dans le fait qu'une telle écoute implique une expérience qu'il n'est pas aisé de définir uniquement par des mots. Mais la plus grosse difficulté vient de ce que l'apprentissage de cette aptitude ne sert pas l'intérêt de l'ego. La distinction entre les deux voix, la voix intérieure et la voix de l'ego, est à l'origine des luttes que nous engageons nous-mêmes contre Dieu, et l'ego ne veut pas nous faciliter la tâche qui consiste à écouter notre coeur plutôt que notre cerveau.

J'ai l'impression d'être arrivé bien tard sur le chemin spirituel. Pour ce qui est de l'écoute de la voix intérieure, j'en suis encore à l'école maternelle. Cela dit, je vais à présent vous faire part de certaines de mes luttes et essayer de vous expliquer ce qui, pour moi, semble donner des résultats ou rester inefficace.

Je dois constamment me rappeler que nous ne pouvons entendre que deux voix. Selon celle que je choisis d'entendre, je souffre ou je suis heureux. Le choix n'est pas toujours conscient mais, plus je le rends conscient, plus il me devient facile de faire la distinction entre ces deux voix.

Commencer la journée en décidant consciemment d'être reconnaissant, doux et patient envers les autres m'aide à apaiser l'esprit de mon ego. C'est un changement considérable par rapport à mon ancienne façon de me lever tous les matins en faisant une liste de toutes les choses que je pensais avoir à faire dans la journée. Je trouve que, lorsque je consacre à Dieu, dans le silence, les premières heures de la matinée, je deviens disponible pour vivre une journée de bonheur et de paix. C'est un merveilleux moment pour éliminer toute trace des pensées négatives de la veille.

Le soir est aussi un bon moment pour laisser disparaître toutes les pensées de peur ou d'attaque qui ont pu s'accumuler dans la journée. Je considère qu'une minute totalement consacrée à Dieu vaut bien mieux qu'une heure de méditation les yeux fermés avec des pensées et des objectifs contradictoires.

Bien souvent, je me disais que je voulais avoir l'esprit en paix, mais je n'en avais pas vraiment l'intention. Il en résultait que je ne recevais que le brouhaha statique de la voix de mon ego. Je pose souvent une question à mon Pouvoir Supérieur sans obtenir de réponse. Je crois que, fréquemment, je pose la mauvaise question. En tout cas, il y a des moments où j'ai peur de la réponse qui pourrait venir et j'arrête inconsciemment d'écouter.

Il y a d'autres moments où je pense savoir ce que je veux et où, avec la prétention de mon ego, je demande confirmation à Dieu; c'est alors qu'en fait j'essaie de pousser Dieu à passer par mes désirs. Bien entendu, cela n'a rien à voir avec l'écoute. C'est seulement l'ego qui tente une fois de plus de manipuler les choses.

En revanche, lorsque je veux vraiment la paix de l'esprit, il me vient parfois une pensée intérieure ou une certaine impression. Quelquefois, je vois mentalement l'image d'un feu vert ou d'un feu rouge. J'ai un ami qui, lui, ressent une démangeaison dans la main droite lorsque la réponse est « oui ».

J'apprécie seulement depuis peu de temps l'expérience précieuse que représente le fait d'avoir l'esprit en paix. On a beaucoup écrit sur la prière et la méditation et il semble qu'il y ait autant de méthodes que d'individus concernés. Pour tranquilliser mon esprit, je préfère quelque chose de simple. Par exemple, je trouve efficace d'inspirer et d'expirer lentement un certain nombre de fois en me disant que je respire l'amour et la paix. Ecouter l'un de mes morceaux de musique favoris m'aide aussi parfois à trouver la paix.

Je me rappelle souvent que je ne sais pas ce qui est le mieux pour moi, mais que mon maître intérieur le sait. J'essaie aussi de me rappeler que, lorsque je prends une décision seul en écoutant seulement mon ego, j'invite le pire à se produire.

L'une des lois de l'ego consiste à se débarrasser de la paix dès qu'on la trouve. Avec la vitesse de l'éclair, l'ego peut changer le calme en tempête en vous assurant que vous ne pouvez pleinement vivre si vous n'êtes pas en lutte et sous tension.

Je trouve un maximum d'aide lorsque je me rappelle que je veux toujours communiquer sur une base d'amour et d'union, et non sur une base de peur et de séparation.

Je veux que chaque pensée, chaque parole et chaque action soit pleine d'amour. J'ai le désir d'être un messager de Dieu, un messager de l'amour. Chaque fois que je suis tenté de juger quelqu'un, je sais que j'ai oublié mon vrai désir et mon vrai but. Je sais que mon ego et son état de peur ont pris le dessus.

La plupart d'entre nous, y compris moi-même, avons mieux appris à parler qu'à écouter. Ecouter quelqu'un avec une patience et une attention totales, écouter sans essayer d'interrompre, écouter sans jugement négatif, c'est cela l'amour inconditionnel.

Un jour, je visitais un hospice en Nouvelle-Zélande. J'y rencontrai une volontaire qui portait un badge avec son nom et un simple mot sous celui-ci qui disait tout sur elle : J'ECOUTE. Il était évident qu'elle n'était pas là pour donner des conseils ni pour juger. Elle était là pour offrir un amour inconditionnel, pour écouter et pour savoir qu'écouter, c'est aimer.

Appel à l'aide

L'une des premières fois que j'ai été témoin du pouvoir de l'écoute du maître intérieur, ce fut durant l'automne 1975. Je fus bouleversé par quelque chose qu'on aurait pu ne pas remarquer, car il s'agissait d'une simple remarque provenant d'un petit garçon de six ans.

Il est important de savoir que cet événement se produisit très peu de temps après que j'aie commencé à demander à l'univers ce que Dieu voulait que je fasse de ma vie. Cette expérience prit un sens pour moi car, à sa façon, ce petit enfant m'aida à découvrir la réponse à ma question.

Ce jeune garçon avait un cancer grave et le savait. Au cours d'une visite des services par le médecin, à laquelle j'assistais en tant que médecin consultant, il demanda au docteur : « Comment cela fait-il quand on meurt ? » Le médecin changea de sujet.

Cela piqua ma curiosité et, après investigation, je découvris que changer de sujet n'était pas inhabituel face à de telles questions. En creusant un peu les choses, je me rendis compte que les enfants recherchent souvent quelqu'un en qui ils peuvent avoir confiance et qui leur donne une réponse honnête à ces questions. Dans un des services, ce genre de personne se trouva être la femme de ménage. Les enfants semblaient savoir qu'ils obtiendraient d'elle des réponses honnêtes et directes.

Peu après cet incident à l'hôpital, alors que je rentrais en avion de New York, je me mis à penser à la question de cet enfant sur la mort. Soudain, je me rendis compte que des enfants comme lui avaient besoin de se sentir en sécurité pour pouvoir être écoutés et parler de leurs préoccupations. Il y avait peut-être là des besoins non satisfaits par rapport auxquels je pouvais éventuellement me rendre utile.

Je suis en train d'apprendre que, lorsque vous demandez à être dirigé intérieurement et que vous voulez vraiment une réponse, il vous faut vous effacer et écouter, car la réponse ne peut manquer de venir. Durant le vol, ce jour-là, je reçus un long message qui me donnait un but et des perspectives qui ont complètement changé ma vie. Cette information me vint presque sous forme d'une dictée intérieure.

Le message offrait un aperçu du démarrage de ce qui s'appelle aujourd'hui le Centre de Guérison des Attitudes. Je reçus comme instruction de mettre sur pied un centre éducatif qui apporterait un complément aux soins médicaux et qui serait basé sur les principes spirituels du *Cours sur les Miracles*.

Au début, le centre devait recevoir des enfants qui avaient à faire face à des maladies qui menaçaient leur vie. Pour comble d'ironie, cela prenait forme alors que je buvais au point d'en mourir et que j'étais obsédé par la peur de la mort. Ma direction intérieure me dit que ces enfants m'aideraient à voir la vie et la mort différemment. En les aidant, j'apprendrais à ne craindre ni la vie ni la mort. Tous les services seraient gratuits. Je devais donner gratuitement mon temps. Je ne devais pas me soucier d'argent, mais avoir confiance dans le fait que Dieu s'en occuperait.

Le Centre de Guérison des Attitudes, à Tiburon en Californie, fut fondé en automne 1975. Aujourd'hui, non seulement nous recevons des enfants et des adultes atteints de maladies graves, mais nous donnons également une formation à ceux qui veulent apprendre à appliquer les principes de la guérison des attitudes dans leur vie.

Dans les groupes pour enfants, nous recevons des jeunes ayant à faire face à des maladies menaçant leur vie et nous recevons également leurs frères et soeurs et d'autres membres de leur famille. Nous avons aussi des enfants dont les parents ont des maladies graves. Nous avons des enfants et des parents atteints du sida et des groupes d'assistance pour leurs conjoints, leurs amis et leurs familles.

Depuis de nombreuses années, nous avons un réseau téléphonique que j'aime appeler «réseau d'amour». Il met en contact des gens qui ont des problèmes de même nature pour qu'ils puissent s'aider mutuellement.

Une autre partie importante de notre travail est constituée par notre programme appelé «Echanges Individuels». Nous formons des groupes de gens qui veulent appliquer d'une façon pratique les principes de la guérison des attitudes, par exemple en communiquant sans faire de jugements, en pratiquant le pardon et en évitant de donner des conseils.

Les concepts de la guérison des attitudes sont basés sur la croyance selon laquelle il est possible de choisir la paix plutôt que la discorde et l'amour plutôt que la peur, quelle que soit la situation dans laquelle on se trouve. La guérison des attitudes est un processus qui consiste à apprendre à abandonner des attitudes de souffrance et de peur. Au centre, notre définition de la santé est « la paix intérieure » et la guérison est un processus d'abandon de la peur. Nous croyons que l'amour est la force de guérison la plus importante au monde. Les principes que nous appliquons sont également valables pour apprendre à écouter son maître intérieur.

Il y a douze principes de guérison des attitudes :

1. L'essence de notre être est l'amour.

2. La santé est la paix intérieure. La guérison est l'abandon de la peur.

3. Donner et recevoir sont la même chose.

4. Nous pouvons laisser disparaître le passé et le futur.

5. Maintenant est le seul temps qui soit et chaque instant est là pour que l'on donne et que l'on reçoive.

6. Nous pouvons apprendre à aimer les autres et nous-mêmes en pardonnant plutôt qu'en jugeant.

7. Nous pouvons nous mettre à découvrir l'amour plutôt qu'à découvrir des défauts.

8. Nous pouvons choisir de nous orienter vers un état de paix intérieure quel que soit l'événement qui se produit à l'extérieur.

9. Nous sommes les élèves et les maîtres les uns des autres.

10. Nous pouvons nous focaliser sur l'ensemble de la vie plutôt que sur ses éléments.

11. Comme l'amour est éternel, nous n'avons pas besoin d'avoir peur de la mort.

12. Nous pouvons toujours percevoir les autres comme étendant l'amour ou faisant appel à l'amour.

Autres centres

En 1976, pendant que je donnais une conférence à Londres, un ami m'emmena voir un médium célèbre, Ena Twig, qui est aujourd'hui décédée. Elle ne savait rien de moi. Pourtant, elle me dit que l'idée du centre que je venais d'ouvrir ferait son chemin et qu'il y aurait bientôt des centres similaires partout dans le monde. A l'époque, j'ai pensé qu'elle était bien gentille, mais qu'elle ne savait pas ce qu'elle disait.

A ma surprise et à ma joie, cette prédiction s'avéra juste. Il y a actuellement quarante centres de guérison des attitudes répartis dans le monde. Si j'avais entendu cela dans les instructions qui me furent données en 1975, j'aurais été si effrayé que je n'aurais jamais rien fait! Cette expérience et d'autres m'ont conduit à croire que, lorsque nous restons tranquilles et que nous écoutons notre voix intérieure, il nous est seulement donné l'information dont nous avons besoin ou que nous pouvons accepter à ce moment-là.

Quelle est ma place ?

Tous les jours, je rencontre de nouvelles leçons d'écoute et aussi de nouvelles résistances. Un événement qui se produisit en 1976 fut plus marquant que les autres. Il représenta pour moi un test extraordinaire; je dus choisir entre l'écoute de la voix de mon esprit rationnel, de mon bon sens, la voix de mon désir, et l'écoute de la voix calme et tranquille qui se trouve dans mon coeur.

J'avais l'intention de me rendre en Caroline du Nord pour participer à un week-end de travail sur le *Cours sur les Miracles*. Je me réjouissais d'y aller car de nombreux amis que je n'avais pas vus depuis longtemps devaient y être. J'avais prévu de partir le samedi matin et j'avais déjà mon billet d'avion. Pourtant, à ma grande surprise, le mercredi d'avant, durant ma méditation matinale, je fus guidé intérieurement à rendre mon billet et à rester chez moi.

Ma première réaction fut de n'en tenir aucun compte: ce message devait faire partie de ma folie. Je pensais savoir ce que je voulais faire et je n'allais pas prêter attention à une voix « idiote » en moi. Pendant toute la journée et également le lendemain matin, le même message ne cessa de venir à ma conscience.

Finalement, j'abandonnai et rendis mon billet. Or, je ne ressentais aucune paix. Au contraire, mon agitation ne fit que croître. Je me mis à penser que, une fois de plus, j'avais fait quelque chose de stupide. Le vendredi soir, j'étais si en colère contre moi-même que je ne parvins pas à dormir. L'écoute de la voix intérieure et l'abandon à Dieu étaient censés apporter la paix, mais ce n'était certainement pas ce qui se produisait. Une fois de plus, j'eus envie de jeter les livres du *Cours*.

Le samedi matin, alors que j'aurais dû être en route pour la Caroline du Nord, je reçus un appel téléphonique d'un garçon de onze ans, Greg, qui venait au centre depuis peu de temps et qui vivait mal sa leucémie.

Au téléphone, Greg me dit : « Vous savez, je n'ai jamais pu parler de ce que je ressentais à propos de ma leucémie et de mes idées sur la mort. Je me demandais si vous n'étiez pas libre ce week-end. Pourriez-vous venir chez moi pour que nous en discutions ? »

Je lui répondit avec empressement : « Eh bien, je suis justement libre. J'arrive, le temps de sauter dans ma voiture et de faire la route. »

Ce jour-là fut l'un des plus beaux de ma vie. Greg put parler de choses dont il ne s'était jamais entretenu avec personne auparavant. Il me posa des questions très directes sur mon système de croyance concernant la mort. La boîte de Pandore s'ouvrit pour nous deux. Ce fut un jour de guérison, de larmes et de rires. J'étais vraiment heureux d'avoir écouté ma voix intérieure et d'avoir du temps pour Greg. Ce jour-là, je sus exactement quelle devait être ma place. De plus, j'avais de nouveau donné ma confiance à mon Pouvoir Supérieur qui, manifestement, savait bien mieux que moi où je devais être et où je devais passer mon temps.

Le plus extraordinaire fut que j'eus l'occasion de parler aux parents de Greg dans l'atmosphère détendue de leur maison. Je pus également m'entretenir avec le jeune frère de Greg. Ce fut une journée de transformation pour chacun de nous.

En rentrant chez moi, je me rendis compte que si j'avais écouté la voix de mon ego, tellement certaine de savoir ce qui était le mieux pour moi, je n'aurais pas été à la maison pour recevoir l'appel de Greg.

Toute une série d'événements tels que celui-ci me donnèrent plus de courage et de motivation pour accepter le fait que je ne sais pas ce que je suis censé faire. Ces événements me rappellent sans cesse combien il est important de prendre sur son temps pour rester tranquille, pour écouter, pour avoir confiance et pour se maintenir dans le présent.

Récemment, j'ai eu une expérience qui fut pour moi un petit rappel de la manière d'être en paix. Je conduisais ma voiture, lorsque le rétroviseur se cassa soudain et tomba sur le plancher. Cela ne m'était encore jamais arrivé. Je décidai de m'arrêter et de méditer sur l'incident. Ce qui me vint à l'esprit fut ceci : « Cesse de regarder en arrière. Cesse d'être prisonnier du passé. Reste dans le présent et c'est là que tu trouveras la paix de l'esprit. »

Cela me fit penser à toute la part de notre vie que nous passons à nous inquiéter pour l'avenir ou à conserver des rancoeurs envers les autres ou des condamnations de nous-mêmes provenant du passé. Aurai-je assez pour payer les factures ? Pourquoi ai-je tant dépensé au cours de nos vacances l'année dernière ? Aurai-je un jour le genre de relation que je veux ? Les enfants réussiront-ils leurs études ? Aurai-je la promotion que je souhaite dans ma carrière ? Si seulement j'avais eu la chance d'avoir les parents que j'aurais vraiment aimé avoir !

En nous disant de nous inquiéter du futur et de conserver nos rancoeurs et nos condamnations de nous-mêmes, la voix de notre ego peut nous amener à croire à tort que nous devons l'écouter, sinon quelque chose d'épouvantable va nous arriver. Nous en venons vite à être tellement pleins du passé et du futur que nous n'avons plus de temps pour le présent. Nous pouvons même oublier qu'il existe un présent.

Il nous faut seulement faire une halte et nous remémorer le fait que nous pouvons *vraiment choisir* d'écouter l'ego et conserver ainsi ces pensées, ou nous pouvons choisir de nous remplir l'esprit de la voix intérieure de l'amour. Lorsque nous choisissons d'écouter la voix de l'amour, notre attention se porte brusquement sur le présent et nous sentons l'amour de Dieu pour nous.

Laisser Dieu montrer le chemin

En 1975, je n'avais pas de plan pour mener ma vie et j'étais comme un bateau à voile sans gouvernail sur une mer démontée. Puis, je me mis lentement à apprendre à écouter le calme intérieur en méditant et en priant davantage pour que ma vie toute entière devienne prière.

Je sens maintenant que mon bateau a une barre et que Dieu dirige ma main en me disant quel cap prendre. A présent, je sais que la force motrice de ma vie, le vent dans ma voile, est la pureté de l'amour.

Il y a encore des jours où je me trouve dans des eaux agitées mais, dans la majorité des cas, la mer est calme et je goûte la chaleur et la luminosité du soleil rayonnant de l'amour.

LA VOIX INTERIEURE

Comment savoir lorsque j'entends Ta Voix ?
 Comment savoir que mon ego
 ne se déguise pas une fois de plus
 pour me tromper ?

« Tu sentiras l'extension
 de Mon Amour
  dans l'harmonie
   de tes pensées,
    de tes paroles et de tes actes.

Tu ne verras de valeur
 que dans l'écoute de Ma Voix
  et dans le fait d'avoir comme seul but
   la paix de l'esprit, la paix de Dieu.

Tu connaîtras la paix de cet instant
 en montant symboliquement sur la crête
  de la vague, sans effort,
   hors du temps ;

Ne regardant ni en arrière
 ni en avant,
  sachant que tu es l'essence
   de la vague qui s'étend à jamais.

   Tu as la bonne volonté
de faire l'expérience de la connaissance de l'Amour,
    du fait que tous tes frères,
     toutes tes soeurs, toi et Moi
      sommes un seul Moi. »

CHAPITRE 12

MON PERE

> Quand nous aurons une confiance totale
> dans l'Amour de Dieu et Sa Bienveillance,
> nous n'aurons plus peur
> et nous pourrons accepter et vivre
> l'Amour et la Bienveillance
> au-dedans de nous.

A mesure que mon travail au centre se poursuivait, je vis clairement que je ne pourrais avoir l'esprit en paix sans balayer mes griefs passés. Que ceux-ci fussent importants ou minimes ne me parut pas déterminant; tout grief, quelle qu'en fût la taille, faisait obstacle à mon expérience de la présence de la paix dans l'instant et me maintenait engagé dans une lutte que je créais moi-même contre Dieu.

Nous enseignons ce que nous voulons apprendre. En 1976, je décidai d'établir une ordonnance pour la paix intérieure comme s'il s'agissait d'une ordonnance médicale. Je mis le pardon de nos parents en tête de liste car nous ne pouvons connaître de paix parfaite ni donner notre paix et notre amour à quiconque si nous conservons en nous ces ressentiments fondamentaux.

A l'époque où j'écrivis cette ordonnance, j'en voulais encore un peu à mes parents d'être malheureux et d'avoir des traits de caractère qui m'avaient rendu la vie difficile.

En réalité, quelle qu'ait été notre enfance, nos parents ont fait du mieux qu'ils ont pu. Si nous avions eu les mêmes expériences qu'eux en grandissant, nous nous conduirions vraisemblablement comme eux.

Je voudrais vous parler de mon père, Leo Jampolsky. Il naquit en 1891, dans une petite ferme en Russie, et arriva dans ce pays au cours de son adolescence. Il me disait souvent qu'il était l'un des premiers « contestataires » du monde. Il agissait lentement et parlait peu. Il y avait en lui beaucoup de bienveillance et, bien qu'ayant un peu mauvais caractère, il le montrait rarement.

Pendant toute ma jeunesse, mon père travailla depuis tôt le matin jusque tard le soir. Il se consacrait entièrement à donner à ses enfants tout ce dont il n'avait jamais profité. A mes yeux, c'était un bourreau de travail. Il semblait craindre de prendre des décisions; pourtant, je me rends compte aujourd'hui qu'il prit de nombreux risques dans sa vie.

Je me rappelle que j'aurais voulu qu'il ressemble davantage aux autres pères qui me paraissaient toujours forts, décidés et exempts de peur. En m'approchant de l'âge adulte, je le tenais pour responsable de mes difficultés, car je sentais que je m'étais identifié à ses plus mauvais aspects et que j'étais devenu exactement comme lui.

D'un autre côté, tous ceux qui formaient l'entourage dans lequel j'ai grandi considéraient mon père comme quelqu'un de bienveillant. Il avait des yeux très doux et accueillait toujours tout le monde avec chaleur. Il adorait le base-ball et aimait m'emmener voir des matches avec lui.

Bien qu'il cédât souvent devant ma mère, il se produisait fréquemment, comme dans beaucoup de familles, des conflits de décisions. Il y avait des moments où je me reprochais ces conflits. Alors, j'essayais de jouer les arbitres de paix, mais je n'y réussissais pas.

Je me rappelle un fait qui illustre la difficulté de communication entre mes parents. Lorsque mon frère Lee était en Suisse pour ses études universitaires, il demandait de l'argent, mais ma mère ne voulait pas lui en envoyer. A son insu, mon père prenait une certaine somme dans le tiroir-caisse et la lui faisait parvenir.

Encore très jeune, je pris le parti de mon père et je reprochais ces conflits à ma mère. J'étais souvent désolé pour mon père. Il travaillait dur dans son magasin, mais il ne semblait pas pour autant avoir du pouvoir dans sa vie personnelle. C'était comme s'il avait manqué la plus grande partie de sa vie, comme s'il l'avait laissée passer à côté de lui. Je me souviens de mon étonnement lorsqu'il m'a confié qu'il aurait voulu être un grand violoniste. Bien entendu, il n'avait jamais cherché à réaliser ce rêve et, pour autant que je sache, il n'a jamais pris une seule leçon de musique.

Mon père ne parlait presque jamais de ce qu'il ressentait. A la maison, il passait le plus clair de son temps à écouter la radio, ce qui laissait peu de place pour la conversation.

Dans les souvenirs que j'ai de mon père, j'ai aussi ces merveilleux moments où nous étions ensemble en famille; je sais qu'il se préoccupait de nous avec affection et qu'il a beaucoup fait pour susciter de bons moments. Le vendredi soir, nous allions souvent à la pêche ensemble et, durant l'été, nous quittions la ville pour aller camper. En me remémorant cette époque, je me rends compte du fait que beaucoup d'amour s'y exprimait.

Je me rappelle qu'étant enfant, tout ce que je faisais semblait voué à l'échec. Comme j'étais hyperactif, dyslexique et maladroit physiquement, j'ai dû rendre à moitié folles la plupart des personnes de mon entourage. A cette époque, on ne comprenait pas comme aujourd'hui l'hyperactivité et la dyslexie, et je suis sûr que mes parents étaient aussi perplexes sur ma conduite que je l'étais moi-même. Ils ont dû penser qu'à cause de mes problèmes, je ne serais jamais capable de réaliser les rêves qu'ils formaient pour moi.

Mon père écoutait les nouvelles à la radio, de jour comme de nuit, quelle que fût par ailleurs son activité. Je crois qu'il le faisait pour échapper à ses propres pensées de peur. Je ne savais jamais ce qui se passait en lui. La plupart du temps, c'est lui qui apportait les qualités maternelles et nourricières dans la famille. Jeune, j'aimais ces qualités de mon père, mais il y avait des moments où je le jugeais faible. C'est seulement des années plus tard que je découvris que la vraie force provient de la douceur.

Mes parents gardaient une lanière de cuir dans un placard de la cuisine pour ce qu'ils considéraient comme des fautes graves. Ma mère faisait le juge en rendant le verdict. Mon père avait pour tâche d'appliquer la sentence. Cela n'arrivait pas souvent.

Je suis devenu un enfant discipliné, obéissant, triste, timide et amer. Comme mon père, je cachais mes sentiments et j'avais peur de me livrer. La loi non écrite consistait à cacher et à déguiser ses sentiments. Il est difficile de trouver l'intimité lorsqu'on ne peut communiquer ses sentiments en toute sécurité.

Encore aujourd'hui, un événement traumatisant de ma jeunesse reste vivant dans ma mémoire. Lorsque j'avais cinq ans, mon père m'emmena dans un magasin de volaille. Nous allâmes au fond du magasin pour voir le boucher tuer le poulet que nous venions d'acheter. Ce boucher prit une hache pour lui faire sauter la tête avant de jeter son corps dans un tonneau ouvert. Du sang gicla partout et le poulet décapité continua à faire du bruit pendant plusieurs minutes en sautant comme un beau diable dans son tonneau.

Pour moi, ce fut horrible. Je voulais nier ce que je voyais. J'essayais de ne pas regarder. Je ne savais absolument pas quoi faire de ce que je ressentais, aussi ai-je tout gardé en moi. Mais la nuit, je fis d'horribles cauchemars. Bien des fois dans ma vie, je me suis identifié à ce poulet. Dans les moments de tempête, lorsque mon ego entre en crise, je me sens littéralement comme ce poulet en train de sauter partout sans sa tête.

Les contradictions dans la vie de mon père

Le jeudi soir, mon père assistait à des matches de catch et je l'accompagnais parfois. Je ne me rendais pas compte alors, mais je comprends maintenant, que ces combats constituaient une merveilleuse soupape de sécurité pour mon père. J'aimais être avec lui lorsqu'il m'emmenait, mais je n'aimais pas ces matches de catch qui, pour moi, étaient la cruauté même.

Mon père se mettait souvent dans des situations ridicules qui l'exposaient à des railleries. Je me souviens particulièrement d'un certain incident. Nous étions partis en famille voir un élevage de lions dont mon père avait entendu parler par les journaux. Nous avions roulé toute la journée autour de Los Angeles pour trouver cet élevage. Finalement, nous nous sommes arrêtés et avons acheté un journal où nous avons découvert que l'élevage sur lequel il avait lu des articles se trouvait dans l'Illinois. Nous l'avons tous raillé impitoyablement. Pendant ma jeunesse, je fus moi aussi, souvent l'objet de moqueries, j'étais celui qu'il était facile de taquiner. Pour cela, j'en voulais à mon père.

Mon père était fier, car ses trois enfants étaient allés à l'université et avaient leur diplôme de docteur, mais il était déçu parce qu'aucun ne voulait reprendre son magasin de dattes qu'il avait passé sa vie à monter avec ma mère. Chaque fois que j'essayais de parler avec lui de ce qu'il ressentait à ce propos, il changeait de sujet ou me tournait le dos.

Dans les dernières années de sa vie, mon père exprimait sa gratitude envers tous ceux qui le côtoyaient. Il souriait presque toujours et chantonnait souvent. Ce fut au cours de ces dernières années que je commençai à voir la force de mon père et combien il avait été un maître efficace pour moi dans les domaines de l'acceptation, de la patience et de la douceur. Je m'étais aperçu que je manquais de ces qualités, mais je pus finalement apprendre par son exemple.

Deux ans avant sa mort, à quatre-vingt-douze ans, mon père participa à son insu à la guérison d'un conflit entre mon frère Art et moi-même. Mon père habitait avec Art, mais il était venu me voir chez moi pour le week-end. Nous avons décidé, Art et moi-même, de le rejoindre sous sa douche pour l'aider à se doucher et à se laver les cheveux.

Il se plaignit avec véhémence d'avoir à se laver les cheveux. Brusquement, nous nous rendîmes compte que les rôles étaient inversés : le père était l'enfant et nous étions les parents. Nous nous sommes remémoré, mon frère et moi, le rituel du samedi soir au cours duquel mon père nous lavait les cheveux pendant que nous nous plaignions à grands cris.

Un sentiment d'union jaillit soudain entre mon frère et moi. Le fait que nous donnions ensemble avec amour des soins à notre père en l'aidant à prendre sa douche nous donna l'occasion d'éprouver à nouveau un sentiment d'unité, de tendresse et d'union l'un avec l'autre. Cette leçon m'apprit que l'on ne sait jamais où et quand la guérison va se produire.

Silence partagé

Mon père ne pouvait jamais partager par des mots ce qui était dans son coeur. Pourtant, il m'apprit que les mots ne sont pas nécessaires pour que l'amour et l'union par le coeur se produisent. Mon père avait peur de mourir mais n'en parlait jamais. Il aimait que je lui raconte des anecdotes sur tous les enfants avec lesquels j'avais travaillé, qui avaient regardé la mort en face et avaient été mes maîtres. Je crois que ces récits l'aidaient à être en paix avec sa propre mort et à commencer à comprendre que la mort ne cause pas de séparation.

Il se produisit un incident comique un an avant sa mort et j'aimerais vous en faire part. Je trouvais que mon père passait un temps excessif à regarder dans le vague. Je pensais que je pouvais lui rendre ces moments plus utiles en lui apprenant à méditer.

Après lui avoir posé quelques questions orientées sur le sujet, j'eus avec lui une conversation assez profonde sur sa manière d'agir avec ses pensées et sur la valeur qu'il attribuait au fait d'avoir l'esprit tranquille. Il ne savait pas ce que signifiait le mot *méditation*. Pourtant, il était évident que c'était ce qu'il avait fait pendant de nombreuses années. Ce jour-là, mon père me donna quelques éléments pour apprendre à ne pas faire de suppositions.

Au cours des derniers mois de sa vie, nous avons passé tranquillement ensemble de nombreux moments merveilleux. Ni l'un ni l'autre n'avait besoin de parler. L'amour et la tendresse que nous ressentions l'un pour l'autre ne faisaient aucun doute. Avant sa mort, nous avions un sentiment de plénitude l'un avec l'autre. Je fus donc fort surpris lorsque, environ six mois après sa mort, je ressentis en moi une vive émotion.

J'étais en train d'écrire un article dont une partie parlait de lui lorsque, soudain, des larmes jaillirent de mes yeux. Je sanglotais. Mon père me manquait. Il y avait encore en moi des sentiments que j'avais réprimés. J'étais profondément reconnaissant d'éprouver une telle intimité avec lui et de ressentir vraiment sa présence. Il ne fait maintenant plus de doute pour moi que, lorsque je prie pour être guidé, sa présence est là qui m'aide sans cesse.

Confiance en Dieu

Lorsque mon ami Hugh Prather me demanda si j'avais en mémoire des expériences de jeunesse durant lesquelles j'avais confiance en Dieu et je ressentais sa présence, je me suis souvenu d'un incident avec mon père. Je devais avoir cinq ans et nous venions de rentrer d'une promenade dominicale en voiture. Il commençait à faire sombre et je m'étais endormi dans la voiture.

Mon père me prit dans ses bras et me porta pour entrer dans la maison et me mettre au lit. J'ouvris les yeux une seconde pendant qu'il me portait. Je me rappelle avoir souri en pensant : « Je suis en sécurité dans les bras de mon père. C'est comme cela qu'il m'aime. Je me sentirai toujours en sécurité dans ses bras. » Je refermai les yeux et me rendormis profondément.

Je me rends compte maintenant que cet instant était symbolique de ma relation avec Dieu. Aujourd'hui, il me semble que c'est comme si j'essayais de retrouver l'innocence du petit enfant en moi, plein de confiance et sachant que Dieu l'aime totalement. A présent, j'ai la joie de rendre l'amour de Dieu par le travail que je fais au centre.

Lorsque je revois mon enfance, je me rends compte de la façon dont fonctionne notre esprit divisé, comment une portion de lui ne se souvient que des choses négatives, là où nos besoins ne sont pas satisfaits et où nous voulons que nos parents aient été différents. Une autre portion voit nos expériences et nos parents sous un jour totalement autre. En regardant en arrière, je vois maintenant mes parents comme des personnes pleines d'amour, qui ont fait de leur mieux pour élever leurs enfants. Tout comme nous, ils avaient leurs problèmes liés à leur ego, mais ils ont vraiment fait de leur mieux selon leurs capacités et ont réussi merveilleusement à élever leurs enfants et à leur apprendre l'honnêteté, la dignité humaine et le courage de surmonter les obstacles.

Il m'a fallu longtemps pour admettre la vérité selon laquelle, tant que nous voudrions que les choses se soient passées différemment avec nos parents, nous continuons à les rendre responsables des souffrances que nous pensons avoir eues dans la vie. Tant que nous garderons de telles pensées, nous ne pourrons jamais avoir l'esprit en paix.

Beaucoup d'entre nous projettent leurs ressentiments relatifs à leur enfance dans une mise en scène totalement nouvelle et jouée par ceux qu'ils rencontrent dans leur vie. Pour essayer de résoudre les problèmes que nous avons connus avec nos parents, nous revivons sans cesse le même scénario avec les gens que nous connaissons dans notre vie adulte.

Pour trouver la paix, il est nécessaire que nous remontions à la source de nos problèmes. Je crois que la plupart des problèmes que nous avons, dans notre vie professionnelle comme dans notre vie privée, viennent de ce que nous avons conservé des pensées qui accusent nos parents et Dieu.

Si nous pouvions nous arrêter seulement un instant, nous parviendrions peut-être à reconnaître qu'il n'y a pas de péché en Dieu, pas plus qu'en nos parents ou en nous-mêmes. Nous faisons tous des erreurs, mais les erreurs peuvent être pardonnées. Nous ne sommes pas ici pour juger mais pour pardonner.

Le fait de percevoir des blessures doit être reconnu et non caché à notre conscience. Mais il nous faut également laisser disparaître ces blessures par le pardon. Or, il n'est besoin que d'une fraction de seconde pour le faire.

Nous ne pouvons être libres tant que nous maintenons prisonniers nos parents et nous-mêmes par nos griefs. C'est uniquement par le pardon que nous pouvons faire l'expérience de notre propre liberté comme de la leur.

Lorsque je laisse disparaître ce qui me lie au passé, je vois mes parents comme d'autres ont pu les voir, à savoir des personnes pleines de douceur qui ont travaillé dur et qui ont fait des efforts pour aimer les autres et faire attention à eux, pour être honnêtes, loyales, bienveillantes, de bonne morale et s'attacher à surmonter les obstacles majeurs de la vie.

A mesure que je choisis de laisser disparaître mon ego et ses attachements aux expériences négatives du passé, je ressens l'amour que mes parents avaient pour moi. Ils ont surmonté bien des problèmes issus d'un passé difficile et ont enseigné à leurs enfants que chacun peut changer quelque chose s'il n'a pas peur de travailler et s'il s'est engagé lui-même à réaliser ses objectifs.

A présent, je sais que mes parents m'ont aimé de tout leur coeur et de toute leur âme. Ils ont été pour moi exactement les parents qu'il me fallait en m'enseignant précisément les leçons que j'avais besoin d'apprendre. Les ombres du passé ont disparu et il n'y a plus entre nous que lumière et amour.

Chaque jour, je ressens la présence de mon père. Il continue à enseigner à mon esprit l'une des leçons les plus difficiles : la puissance de l'amour de Dieu se manifeste lorsqu'on est un homme bon.

CHAPITRE 13

MA MERE

Lorsque le monde se libérera de toute culpabilité,
seuls existeront l'amour et la paix.

Maintes fois dans ma vie, j'aurais voulu que ma mère soit plus douce et plus indulgente, comme les mères de mes amis. Aussi bien enfant qu'adulte, j'ai excellé dans les *« si seulement »*: *si seulement* ma mère m'avait aimé davantage; si seulement elle n'avait pas eu tellement peur; *si seulement*... eh bien, la vie n'aurait peut-être pas été si difficile pour moi. La perception des *« si seulement »* est très dangereuse et l'ego la forme pour nous maintenir dans un état d'angoisse.

Adulte, je suis devenu expert en rationalisation. Mentalement, je réussissais très bien à expliquer pourquoi ma mère était telle qu'elle était. Dans mon esprit, je pensais être capable de lui pardonner *ce que j'avais perçu* comme des actes erronés chez elle. Cependant, il y avait encore une partie de moi qui continuait à tenir ma mère pour responsable de nombreux problèmes que je continuais à avoir. J'ai passé la plus grande partie de ma vie à craindre que les autres femmes soient comme ce que je percevais de ma mère, à savoir qu'elles me critiquent et essayent de me dominer.

Alors que je semblais capable d'aider mes patients à résoudre leurs conflits avec leurs parents et que j'avais même la joie d'y réussir souvent, j'étais toujours prisonnier de mes propres conflits. Une partie de moi essayait encore de plaire à ma mère et de l'empêcher de m'entraîner dans des jeux de culpabilité.

La gymnastique mentale que je pratiquais pour pardonner à ma mère n'arrivait jamais jusqu'à mon coeur. Je lui pardonnais dans ma tête mais pas dans mon coeur. Je ne lui ai jamais pardonné complètement avant d'entreprendre mon chemin spirituel. Seulement alors ai-je pu commencer à vivre l'ampleur infinie de l'amour et du pardon de Dieu.

Toute chose est une leçon que Dieu voudrait que nous apprenions

Dans ma lutte interne pour pardonner à mes parents, j'ai commencé à comprendre que, lorsque nous ressentons de l'abandon, du rejet, de l'attaque ou un manque d'amour, c'est peut-être là une projection de notre peur de Dieu. Il est également possible que notre tendance à blâmer nos parents ou les autres, ou à nous faire constamment des reproches à nous-mêmes et à nous culpabiliser, cache la culpabilité que nous éprouvons du fait de nous être séparés de notre Source. Aujourd'hui, il est clair pour moi que chaque expérience que j'ai vécue, bien que cela n'en avait pas l'air sur le moment, était parfaitement adaptée à ce que j'avais besoin d'apprendre.

A présent, je rends grâce pour tout ce qui s'est passé dans ma vie. Bien que je n'invite pas les autres à vivre mes propres expériences, je sens vraiment que c'est à travers elles que j'ai acquis plus de force. Je sais maintenant qu'il nous est possible de prendre tout ce que nous avons vécu avec nos parents, quoi que ce fût, et d'en faire un enseignement positif pour notre vie.

Si j'avais à recommencer aujourd'hui, je ne changerais pas une virgule de ma vie. En un certain sens, je crois que nous choisissons vraiment nos parents et ceux-ci nous enseignent exactement les leçons dont nous avons besoin au cours de notre voyage. J'en suis arrivé au point où je n'ai dans mon coeur qu'amour et gratitude pour ce que mes parents m'ont appris.

Je suis aussi très reconnaissant envers les leçons du *Cours sur les Miracles*, car elles m'ont appris à changer mes perceptions et à voir ma mère différemment. Dans le même ordre d'importance, je rends grâce pour les leçons du *Cours* qui m'ont aidé à voir avec humour des choses qui me paraissaient auparavant graves et douloureuses.

Ma mère, Tillie Feldman Jampolsky, naquit en Angleterre; ses parents étaient des immigrés russes. Alors que j'écris ces lignes, elle a quatre-vingt-dix-sept ans. J'ai parfois l'impression qu'elle est restée en vie aussi longtemps parce qu'elle avait encore tant à m'apprendre.

Ma mère mesurait un mètre cinquante-cinq mais elle m'a toujours paru mesurer trois mètres.

Lorsque j'étais enfant, je ne me demandais jamais qui commandait à la maison. J'avais l'impression que c'était ma mère qui prenait toutes les décisions et je n'osais jamais la contrer. Nous ne l'emportions jamais sur elle. Tout jeune, je lui demandais souvent comment elle savait ce que je faisais même si elle n'était pas dans la pièce où je me trouvais. Elle me répondait : « J'ai des yeux derrière la tête. » J'appris à la croire.

Ma mère a connu des antécédents particulièrement difficiles. Elle ne s'est jamais vraiment sentie aimée par sa propre mère qui mourut pendant son adolescence. Quelques années avant cette mort, son frère aîné lui dit que sa mère ne l'avait pas aimée parce qu'elle était une enfant adoptée. Elle apprit que c'était faux seulement après la mort de sa mère. Pendant tout le reste de sa vie, elle ne fit confiance à personne.

Au cours d'un été, alors que j'avais dix-sept ans, j'emmenai toute ma famille en voiture de Californie jusqu'à New York où nous avons visité tous les cimetières de Brooklyn à la recherche de la tombe de ma grand-mère maternelle. Ma mère désirait fortement voir cette tombe, comme si elle désirait faire la paix avec sa mère. Ce fut bien triste car nous n'avons jamais pu trouver cette tombe. Je crois que ma mère n'est jamais parvenue au réconfort qu'elle cherchait dans sa relation avec sa mère.

Ma mère prenait toutes les décisions dans la famille, mais cela ne lui semblait pas facile. Par exemple, lorsqu'elle s'achetait des vêtements, elle n'était jamais contente de ce qu'elle avait pris et retournait ses achats. Aujourd'hui, je comprends qu'elle a aussi mené sa propre lutte contre Dieu tout au long de sa vie. Elle ne faisait pas confiance aux autres, elle ne faisait pas confiance à Dieu et elle ne se faisait pas vraiment confiance à elle-même.

Avec l'enfance qu'elle a connue, il lui était vraiment difficile de donner de l'amour car elle se sentait continuellement coupable et indigne d'amour. De toutes les personnes que j'ai connues, elle était à la fois la plus craintive et la plus protectrice.

Pendant la chaleur de l'été, elle me faisait porter des sweaters de peur que je prenne froid dans les courants d'air. Je donnais prise à ce système de croyance et j'eus souvent des rhumes après avoir été dans un courant d'air. Elle se montrait spécialement tendre et pleine d'affection lorsque j'étais malade, c'est pourquoi j'appris naturellement à être un enfant délicat et fragile.

Cela ne veut pas dire qu'elle ne montrait pas d'amour par ailleurs. Comme ma grand-mère, elle était excellente cuisinière et c'était là une façon pour elle d'exprimer son amour. Elle avait aussi la conviction que le fait d'être exagérément sévère et de tout contrôler était une manière de montrer son amour.

Chez nous, il y avait beaucoup de peur et d'ambiguïté. Souvent, ma mère s'arrêtait de parler lorsque j'entrais dans la pièce, ce qui me faisait croire qu'elle gardait de sombres secrets à mon sujet. Sa langue était aussi incisive que son esprit et, sans en avoir l'intention, elle semblait souvent communiquer aux autres un sentiment de culpabilité.

Ma mère n'a jamais été favorable au fait que je devienne psychiatre. Elle me disait toujours que c'était une de ces professions « sournoises » qui essayaient de tout rejeter sur les parents. Elle était persuadée qu'on résolvait ses problèmes « en se faisant à soi-même la courte échelle ». Et si le fait d'aller chez un psychiatre était une marque de faiblesse, devenir soi-même psychiatre était pire. Elle disait que tout le domaine de la psychiatrie et de la psychologie n'était qu'un attrappe-nigaud et une escroquerie. Ce qu'il y a d'ironique, c'est que son goût pour les émissions de radio où les gens appellent pour se faire aider dans leurs problèmes a été l'un des facteurs qui m'ont fait choisir ma profession.

Elle n'aimait pas plus ma décision de suivre un chemin spirituel que celle de devenir psychiatre. En fait, elle se mit à douter de ma raison.

Ma mère était pleine de contradictions. D'un côté, elle semblait rigide et bien dans sa voie, sans changer quoi que ce soit. D'un autre côté, elle faisait preuve d'une incroyable souplesse et était avide d'acquérir de nouvelles connaissances. Lorsque j'étais chirurgien de bord à la Matson Navigation Company, mes parents vinrent me voir à Wilmington en Californie pour déjeuner avec moi sur le bateau. Il faisait un temps magnifique, c'était le calme plat et le gros paquebot de luxe était solidement amarré au quai. Or, cinq minutes après être montée à bord, ma mère eut le mal de mer et dut partir.

Je l'admire beaucoup car, deux ans plus tard, mes parents prirent le même bateau pour aller à Hawaii et ma mère n'eut pas une seule fois le mal de mer.

Bien qu'ayant sa manière à elle de voir les choses, ma mère m'impressionna par sa disponibilité à recevoir des choses nouvelles. Par exemple, il y a environ cinq ans, elle commença à trouver de l'intérêt à parler avec moi de l'éventualité de la réincarnation. Autre exemple : il y a à peu près une dizaine d'années, j'appris qu'elle se levait tous les jours à deux heures du matin pour écouter une émission radiophonique sur la sexualité. Lorsque je lui en parlai, elle sourit et me dit qu'elle apprenait beaucoup de choses qu'elle ne connaissait pas. Elle ajouta avec un clin d'oeil qu'une amie à elle de quatre-vingt-onze ans, qui habitait sur le même palier, venait de se marier la semaine d'avant.

Ma mère approuvait mon travail avec des enfants et des adultes qui avait des maladies graves, mais elle n'appréciait pas le fait que je n'étais pas payé pour tout le temps que je passais au centre. Elle se préoccupait beaucoup de mes revenus. Elle me dit un jour : « Jerry, écoute ta mère. Je suis la seule personne qui te dise la vérité. Tu es fou de parcourir le pays en parlant d'amour, de pardon et de Dieu. Laisse cela aux religieux. Sois un bon docteur. Retourne à ta clientèle et donne des médicaments à tes patients. C'est là le rôle des médecins. »

Faire plaisir n'est pas aimer
Même adulte, j'essayais encore de gagner l'approbation de ma mère mais elle semblait toujours avoir dix longueurs d'avance sur moi. Par exemple, en 1980, alors qu'elle avait quatre-vingt-neuf ans et que j'en avais cinquante-cinq, elle me demanda de lui trouver un nouveau docteur. Je

savais qu'elle ne faisait pas confiance aux jeunes médecins. Pour lui faire plaisir et pour éviter des difficultés, je choisis un médecin mûr, quelqu'un de mon âge. Plein de confiance, je lui dis que je lui avais trouvé un nouveau docteur. Comme je m'y attendais, sa première question fut: «Quel âge a-t-il?» De plus en plus confiant, je lui dis qu'il avait cinquante-cinq ans comme moi. Elle me répliqua: «Mais je ne veux pas un docteur de *ton* âge, il est trop jeune pour savoir ce qu'il fait!»

Ma mère m'a vraiment beaucoup appris sur la patience.

Lorsque j'étais en train de terminer mon livre *Sans Peur et sans Reproches*, ma mère me demanda s'il s'agissait là d'un de ces livres sur le pardon. Je lui dis que oui. Avec beaucoup de sérieux, elle répliqua: «Si tu continues à écrire des livres sur le pardon, je vais te mettre dans une position difficile en écrivant un livre sur l'importance qu'il y a à *ne pas* pardonner. Les gens font de vilaines choses et il ne faut pas leur pardonner.»

Il n'y avait rien à dire. Mais je sentais que, inconsciemment, elle parlait de ses propres pensées et de ses sentiments vis-à-vis d'elle-même.

Elle ajouta: «Tout le monde pense que je suis la personne la plus peureuse du monde et tu es d'accord, n'est-ce pas?» J'acquiesçai: «Oui, maman, tu le sais bien.» «Eh bien, dit-elle, ne vois-tu pas comme cela te conduit à avoir tort? J'ai quatre-vingt-douze ans et c'est à cause de toutes mes peurs que j'ai vécu si longtemps. Il va falloir que tu reprennes tout et que tu réécrives tes livres.»

Elle avait dans le sang la ténacité et la capacité de s'accrocher aux choses vaille que vaille. S'il y avait quelque part une chose qui pouvait me donner un sentiment de culpabilité, elle finissait par le trouver. Très souvent, je restais totalement ouvert à elle, m'appliquant à la contenter comme un fils obéissant, bon et soumis.

Un jour, j'allai donner une conférence à Whitehorse, au Canada. Whitehorse se trouve très au nord du pays. C'est une très belle ville. Je téléphonai à ma mère d'une cabine publique de l'aéroport, simplement pour avoir de ses nouvelles. Sa première réaction fut: « Je ne crois pas une seconde que tu sois à Whitehorse au Canada. Tu mens. Je sais que tu es encore à San Francisco. » Elle ajouta, convaincue: « Tu mens parce que tu ne veux pas venir voir ta mère qui est seule. Tu es un fils indigne! »

Pour avoir le dernier mot, elle dit: « Je vais te prouver que tu mens. Donne-moi le numéro d'où tu téléphones et je vais te rappeler pour te prouver que tu n'es pas là. » Je lui dis: « Maman, c'est une cabine téléphonique au Canada. » Elle cria: « Arrête de mentir et donne-moi le numéro. » Je fis ce qu'elle demandait en m'interrogeant sur ce qui allait se passer. Bien sûr, quelques minutes plus tard, le téléphone se mit à sonner. J'entendis la voix de ma mère et pensai qu'elle entendait la mienne. Or, avant que nous puissions parler, elle raccrocha.

Une semaine plus tard, au cours d'une visite que je lui faisais, j'amenai doucement la conversation sur ce coup de téléphone au Canada. Je lui dis que je pensais qu'elle avait entendu ma voix et lui demandai ce qui était arrivé. Elle fit tourner court la discussion en disant aussitôt : « C'est évident que je t'ai entendu, mais je n'allais pas dépenser de l'argent simplement pour entendre ta voix. » En fait, elle avait raccroché et s'était plainte à l'opératrice de ce qu'elle ne pouvait m'entendre afin de ne pas payer l'appel. Ma mère changea de sujet.

Chaque fois que je me heurtais aux côtés difficiles de ma mère, il me fallait me souvenir de toutes les contradictions qui l'habitaient. Malgré son mépris de la psychologie et de la psychiatrie, elle écoutait souvent à la radio ou regardait à la télévision des émissions au cours desquelles les auditeurs appelaient ; elle se passionnait pour la manière dont les gens pouvaient résoudre leurs problèmes. Quand mes parents prirent leur retraite à Phoenix, elle fit du bénévolat dans un foyer du troisième âge. Elle aimait ce travail et les gens du foyer appréciaient sa contribution. Lorsque j'écarte les jugements de mon ego, je vois bien mieux son côté fortement spirituel. Je vois qu'elle a toujours été quelqu'un de très attentionné.

Bien que n'ayant jamais su ce que cela signifiait pour elle, je me rappellerai toujours que, lorsque j'étais enfant, elle avait une petite statue de Gandhi. Nous n'en avons jamais parlé ensemble, mais j'aime à penser qu'elle était inspirée par lui et par la profonde compassion qu'il avait pour les gens.

Comme ma mère disait souvent aux autres que tout allait mal, elle fut souvent perçue comme une femme gémissante et malheureuse. Parfois, elle donnait aux invités un sentiment de culpabilité en leur disant qu'ils ne venaient pas assez souvent ou qu'ils ne restaient pas assez longtemps. Aussi, bien des gens, dont ses petits-enfants, espacèrent leurs visites. Par ailleurs, elle n'a pas de bons rapports avec l'infirmière-chef et la maison de retraite où elle vit à présent.

Il y a quelques années, j'ai commencé à comprendre que, pour avoir un amour inconditionnel pour ma mère, je devais accepter son choix d'être malheureuse et ne pas m'autoriser à me sentir coupable ou responsable de ce choix à sa place. Je me suis mis à méditer une vingtaine de minutes avant chaque visite. Une partie de ma méditation comportait le rappel que mon travail ne consistait pas à lui faire plaisir mais à l'aimer et à l'accepter. Cela impliquait de ne pas donner prise à mon désir de changer quoi que ce soit en elle. Cela signifiait également de laisser disparaître le moule que j'avais créé inconsciemment dans mon esprit pour elle, ce moule d'une petite femme âgée qui était gentille, douce, heureuse et attentionnée.

J'abandonnai tous mes anciens objectifs qui visaient à la rendre heureuse. J'acceptais désormais qu'elle soit simplement elle-même. Ma propre paix intérieure devint mon seul but.

Après avoir pris cette nouvelle attitude, je me suis rendu compte que j'étais bien plus en paix. Ma mère n'avait pas à changer. Et pourtant, je ne voyais plus son comportement comme une attaque contre moi. Je me suis mis à la voir comme une personne qui avait très peur. Elle avait peur de mourir. Elle avait peur de perdre le contrôle des choses. Elle avait peur ne pas être capable de donner ou recevoir de l'amour.

Quelques mois après ces changements, elle me demanda de lui apporter ma série de cassettes *Aimer c'est se Libérer de la Peur*. Cette demande m'étonna. Je lui apportai les enregistrements et elle commença à les écouter. Bientôt, l'infirmière, avec laquelle ma mère avait été en conflit, se mit à écouter ces cassettes avec elle. A ma grande surprise, elles se trouvèrent bientôt en accord avec les principes de pardon, de douceur et de bonté.

Très vite, elles commencèrent à sourire et à parler ensemble. Il s'était produit une guérison dans leur relation. Je me plais à croire qu'elles sont passées au travers des pensées d'attaque et de séparation qui les séparaient et qu'elles ont laissé un amour mutuel pénétrer dans leur coeur.

La semaine suivante, ma mère demanda à Diane Cirincione, ma partenaire spirituelle, et à moi-même de lui apporter certains des livres que j'avais écrits. Elle estimait qu'ils devaient figurer sur la liste des titres disponibles à la maison de retraite et que ses occupants pourraient bénéficier de ce « baratin ». Elle donna mes livres à une amie qui n'avait pas parlé à sa soeur depuis sept ans; après leur lecture, cette femme pardonna à sa soeur et, aujourd'hui, elles se parlent à nouveau. Ma mère rit et dit: « Tu sais, ce baratin sur le pardon, ça marche. » J'étais absolument stupéfait.

Au lieu de se plaindre et de nous dire que nous n'étions pas restés assez longtemps, elle regardait la pendule et nous disait de partir, en affirmant que nous devions avoir d'autres choses à faire. Nous étions témoins de l'éclosion de la douceur et de la reconnaissance. Ma mère se mit même à se servir du mot *amour*.

Elle se mit bientôt à nous embrasser sur les lèvres lieu de nous tendre sa joue. Je fus profondément touché la première fois que cela se produisit. Pour moi, c'était la preuve que les miracles arrivent vraiment et que, en acceptant et en pardonnant, nous nous ouvrons réellement à l'amour. Je me suis mis à m'émerveiller de ce qui se passe lorsqu'on cesse de tenter de changer l'autre ou de lui faire plaisir et qu'on laisse l'amour de Dieu pénétrer la relation. Comme c'est simple, et quelle puissance!

Après ses quatre-vingt-dix ans, je crois que ma mère a vécu une transformation spirituelle. Mon frère, dont le système de pensée est tout à fait différent du mien, est convaincu que ma mère a eu une crise cardiaque. Je pense pour ma part qu'elle continue d'enseigner qu'il n'y a rien d'impossible et que le pouvoir de l'amour inconditionnel et de la bienveillance ne connaît aucune limite. Les souffrances et les blessures du passé ont disparu et une reconnaissance et un amour sans limite les ont remplacées.

A son quatre-vingt-seizième anniversaire, elle eut assez d'énergie pour souffler toutes ses bougies. Elle est aussi vive mentalement qu'elle l'a toujours été et continue à bien remplir son rôle: nous maintenir tous vigilants.

Au cours de l'une de mes récentes visites, je me suis assis sur son lit pendant longtemps et je lui ai tenu la main. Nous n'avions besoin d'aucun mot pour exprimer notre amour et pour avoir la joie d'être unis. Aussi, pendant un long moment, aucun de nous deux n'a parlé. Lorsqu'il fut temps pour moi de partir, elle me sourit en disant: «Tu sais, Jerry, non seulement je t'aime, mais je t'aime bien!»

Pardonner à nos parents

J'ai passé bien du temps avec des adultes qui passaient par le processus consistant à pardonner à leurs parents. Mes propres efforts dans ce domaine de ma vie ont eu une valeur inestimable pour m'aider à comprendre ce processus et encourager les autres à s'y plonger.

Parfois, je me mets à la place de mes parents et j'essaie de m'imaginer que j'ai grandi exactement comme eux, en apprenant par leurs propres parents et leur environnement ce que sont la peur et l'amour.

Lorsque je fais cela, je comprends bien mieux mon père et ma mère et je fais un pas de plus dans le pardon des choses qui m'ont paru négatives au cours de ma propre enfance ou qui ne se sont pas passées comme je l'aurais voulu.

Nous apprenons à guérir nos relations avec nos parents non pas en niant la souffrance ou la colère que nous pouvons ressentir, mais en nous autorisant à vivre et exprimer ces sentiments. Nous n'avons pas besoin de les exprimer directement devant nos parents, mais en les exprimant à l'intérieur de nous-mêmes ou dans la sécurité d'un milieu thérapeutique ou spirituel, nous pouvons nous mettre à reconnaître nos blessures et notre colère et à en prendre la responsabilité.

Le pardon de nos parents survient lorsque nous faisons le ménage dans notre esprit, lorsque nous nous autorisons à voir notre colère et notre souffrance et que nous les laissons disparaître en sachant qu'il ne sert à rien de rester attachés à ces sentiments. Lorsque nous abandonnons ces attachements, l'amour afflue en nos coeurs et nous pouvons choisir de dire : « Je veux abandonner la colère et la souffrance que je ressens comme causées par mes parents. Je veux demander pardon et je veux les aimer totalement. »

Le pardon ne consiste pas à nous sentir supérieur ou à être désolés que nos parents n'aient pas su plus de choses. Il vient lorsque nous comprenons qu'en tant qu'êtres humains, nous faisons tous du mieux que nous pouvons et que nous ne pouvons demander plus. Pardonner, c'est faire le choix de ne plus trouver de valeur à la colère et de voir que nous sommes tous la lumière de Dieu, tous unis, et que les séparations que nous ressentons font seulement partie des illusions de l'ego.

Le pardon consiste à laisser disparaître les perceptions auxquelles l'ego voudrait nous faire croire. Nous commençons vraiment à avoir l'esprit en paix lorsque nous pardonnons complètement à nos parents, lorsque nous abandonnons l'idée qu'il y a une valeur dans les reproches que nous leur adressons ou que nous nous adressons à nous-mêmes. Nous le découvrons lorsque nous laissons disparaître l'idée que la culpabilité a une valeur. La paix de l'esprit survient lorsque nous pouvons percevoir le monde par notre coeur, dans une vision claire et corrigée qui nous est propre, en ne trouvant plus de séparation et en nous rendant compte que l'amour est notre seule réalité.

Un merveilleux passage du *Cours sur les Miracles* dit : « Il n'y a pas de degré de difficulté dans les miracles. » Je n'y ai pas toujours cru, mais à présent, je le crois.

> Les cauchemars de ma vie semblent disparaître
> dès que je cesse d'interpréter ce que je vois
> et que je laisse Dieu interpréter pour moi.

> Je crois que l'équation
> la plus importante du monde
> est que la plénitude du coeur de
> quelqu'un
> est directement proportionnelle
> au montant d'amour qu'il donne.

Ma mère mourut dans son sommeil le samedi 19 novembre 1988 à quatre heures quarante-cinq du matin. Elle avait contracté une pneumonie deux jours plus tôt et, lorsque je lui rendis visite le vendredi soir, elle semblait dans un semi-coma. Je décidai de passer la nuit à son chevet et j'eus la grâce d'être à ses côtés lorsqu'elle mourut. Ce fut un passage tout en douceur et en paix. Elle s'arrêta tranquillement de respirer.

Je pense qu'on ne fait plus d'êtres comme ma mère. Elle nous a appris à tous à être tenace, à ne jamais abandonner, à savoir que rien n'est impossible et qu'on n'est jamais trop âgé pour changer.

Ma mère aimait beaucoup que mon frère Art et moi-même lui apportions des harengs marinés et des petits pains à la cannelle. J'ai l'impression que c'est le hareng mariné qui lui a donné une si longue vie.

Durant ses dernières années, elle n'aurait pu montrer plus de bienveillance et d'amour envers chacun. Au cours de ses derniers mois, alors que son énergie diminuait, son vocabulaire se réduisait à ces mots qu'elle répétait sans cesse: «Je t'aime. Merci. » Je ne peux m'empêcher de penser que, si nous parvenions tous à vivre avec uniquement ces quelques mots dans notre esprit et sur nos lèvres, cela apporterait beaucoup de paix à chacun d'entre nous et dans le monde.

Ma mère a été pour nous tous un maître puissant et merveilleux. Je l'aime profondément et elle me manque beaucoup. Je me sens honoré d'avoir pu vous parler d'elle.

CHAPITRE 14

DES RELATIONS SPECIALES AUX RELATIONS SAINTES

>La tendresse et
>la douceur
>Vont la main dans la main
>
>Car là où il n'est
> point de peur,
>Il n'y a que l'Amour...
>
>Et là où il n'y a que l'Amour,
> vous trouverez
> tendresse et douceur
> côte-à-côte.

Après 1975, ma vie se focalisa sur les gens du Centre de Guérison des Attitudes. Par ailleurs, je voyageais, donnais des conférences et animais des séminaires sur mes livres et sur la guérison des attitudes. Jour et nuit, le centre et ses programmes occupaient mon être. Ce n'était pas du travail, mais de la joie.

En plus de mes autres activités, je passais beaucoup de temps à répondre à un volumineux courrier envoyé par des gens qui avaient toutes sortes de problèmes; par ailleurs, je passais plusieurs heures par jour à répondre à des appels de gens qui me téléphonaient du monde entier. Mon esprit rationnel me disait que tout mon temps était consacré à mon travail et que j'avais encore moins de temps qu'avant pour mes relations intimes. Bien que ne voulant pas le reconnaître à ce moment-là, ce qui m'ôtait toute intimité n'était pas seulement mon emploi du temps chargé mais aussi ma peur.

Je comprends maintenant que, même lorsque l'on pense être sur un chemin spirituel, on peut se servir de son travail comme d'une défense pour ne pas avoir à faire face à ses pensées et à ses sentiments.

Il est certain que le fait de nous droguer de travail vient en partie de ce nous voulons davantage « faire » qu'« être ». Comme nous avons peur des relations intimes, nous choisissons de remplir nos vies par des « actes » plutôt que de nous donner du temps pour réfléchir sur nos pensées les plus intimes. Howard Caesar, pasteur de la Unity Church of Christianity à Houston, m'a fait remarquer récemment qu'on peut décomposer le mot *intimacy* (intimité) en « in-to-me-see » (voir à l'intérieur de moi). Cela signifie laisser quelqu'un d'autre vous voir tel que vous êtes vraiment.

Je me suis rendu compte que beaucoup de gens sont comme moi et veulent connaître l'intimité tout en la redoutant. Nous craignons d'être rejetés si quelqu'un nous voit tels que nous sommes.

J'avais écarté la possibilité d'avoir des relations personnelles intimes en me disant que tous mes échecs passés étaient le signe que je n'étais tout simplement pas destiné à la joie de connaître une intimité humaine. Il fallait que je sois absorbé par mon travail, un point c'est tout.

Quelle que soit notre habileté à nous convaincre que nous savons exactement ce que nous avons à faire et pourquoi, Dieu a une manière bien à lui de nous donner une tape sur l'épaule pour nous rappeler que ce n'est pas nous qui écrivons notre scénario. C'est peut-être là une manifestation de la bienveillance de Dieu, de sa conscience du fait que son message pourrait nous submerger s'il nous était donné directement.

Diane Cirincione

Ma relation avec Diane Cirincione a commencé des mois avant que je ne la rencontre en personne. Un dimanche, j'ouvris ma boîte aux lettres à la maison et y trouvai une lettre que quelqu'un y avait déposée. Il n'y avait pas de signature et cela m'étonnait.

Le contenu était magnifique. Il portait sur la mort et le fait de mourir. Je mis la lettre dans la poche de mon manteau et pris ma voiture pour aller à San Francisco où je devais donner une conférence précisément sur ce thème. Au milieu de mon exposé, je pris la décision de lire cette lettre à haute voix et cela fut très bien reçu. Je ne savais pas que la femme qui l'avait écrite était dans la salle. Elle était venue pour entendre un autre orateur, ne sachant pas que je faisais partie des intervenants. Ce jour-là, elle ne se sentit pas guidée à se présenter à moi, mais elle me dit plus tard qu'elle avait ressenti ma lecture de sa lettre comme un signe avant-coureur de ce que j'allais peut-être comprendre des écrits similaires qui lui venaient chaque jour. Quelques mois plus tard, je rencontrai cette femme : Diane Victoria Cirincione.

Pour moi, ce que Diane écrivait était très proche de ce qu'avait fait le docteur Helen Schucman qui, avec le docteur William Thetford, avait donné le jour au *Cours sur les Miracles*. C'était comme une dictée intérieure. La voix de Diane avait dit à cette dernière qu'elle devait me rencontrer et me demander mon avis sur ce qu'elle écrivait, mais Diane avait commencé par décider de ne pas tenir compte de ces directives.

Puis, le 20 août 1981, alors qu'elle se rendait à son bureau, sa voiture tomba en panne juste devant le Centre de Guérison des Attitudes. Diane sentit que cet incident était bien le signe qu'elle ne devait plus passer outre aux injonctions de sa voix. Elle alla jusqu'à mon bureau et frappa à la porte. Nous avons tous deux reçu un choc lorsque je lui ouvris. J'étais en train de parler à quelqu'un et je demandai à Diane de revenir une demi-heure plus tard lorsque je serais libre.

A son retour, nous sommes restés ensemble une vingtaine de minutes. Ce jour-là, les battements de mon coeur se sont affolés à plusieurs reprises. Il était six heures quarante-cinq du matin et Diane était mal habillée car elle allait faire du nettoyage à son bureau. Pourtant, il y avait chez elle une beauté et une douceur qui s'équilibraient à l'extérieur comme à l'intérieur d'elle-même et qui dépassaient tout ce que j'avais pu vivre jusqu'alors.

J'étais tellement absorbé par l'éclat de sa présence que j'avais du mal à suivre ce qu'elle disait. Cette expérience avait quelque chose qui me coupait le souffle, comme la sensation que nous nous étions rencontrés en un autre temps et en un autre lieu. C'était comme si deux âmes se retrouvaient après s'être connues déjà de nombreuses fois. Mon bureau semblait illuminé par l'énergie qu'il y avait entre nous.

Nous avons convenu de nous voir à mon bureau la semaine suivante. Ce fut pour moi une période difficile et pleine de contradictions. La voix de mon ego ne cessait de se faire entendre. Ce dernier avait pleinement conscience du fait que la barrière que j'avais soigneusement érigée autour de mon coeur était tombée pendant un moment et il voulait que je la redresse en la reconstruisant encore plus haute.

Mon ego alla même jusqu'à se servir de la spiritualité pour me maintenir en esclavage. Les propos que j'échangeais avec moi-même ressemblaient à peu près à ceci :

« Tu es enfin sur un chemin spirituel. La dernière chose dont tu aies besoin est précisément une nouvelle "relation particulière" avec une ravissante femme qui a vingt et un ans de moins que toi. Tu essaies encore de retrouver ta jeunesse. Arrête tes fantasmes. Si cette relation devient amoureuse, cela t'éloignera de Dieu. Tu as déjà bien du mal à essayer de trouver Dieu. Ne rajoute pas d'obstacles. »

Lorsque j'essayais de raisonner, mon ego me coupait court :

« Combien de fois dois-je te dire que tu n'auras toujours que des échecs avec les femmes ? Tes relations intimes ont toujours échoué et elles échoueront toujours. Tu vas tout simplement finir par souffrir et la faire souffrir. Elle est venue te voir pour que tu l'aides à propos de ce qu'elle écrit, non pour avoir une relation personnelle avec toi. Oublie ta solitude. C'est ton destin. Reste objectif et viens-lui en aide lorsque tu la verras. *Mais ne prends plus de rendez-vous pour la voir.* »

Il y avait une autre petite voix en moi disant que Diane était un don de Dieu et qu'elle était venue dans ma vie pour m'enseigner que la manière de retourner à Dieu, en qui j'avais ma demeure, consistait à avoir une relation intime qui devienne une relation sainte. Tout ce bavardage intérieur me donnait l'impression de devenir fou.

Lorsque nous nous sommes revus, Diane et moi, j'ai essayé d'être objectif et de garder une certaine distance émotionnelle vis-à-vis d'elle, tout en étant paralysé par la peur que je ressentais. Je voulais vraiment faire ce qui était juste et ne pas retomber dans le magma de la souffrance et de la détresse.

Après avoir tenté de rester calme, distant et objectif, je fus stupéfié de m'entendre lui donner mon accord pour la revoir à mon bureau afin de parler de ses écrits spirituels sur l'évolution de conscience de l'âme individuelle.

Quelques mois plus tard, je pris mon courage à deux mains pour inviter Diane à déjeuner. Ce furent des moments très forts. Je ne me rendais pas compte à quel point elle allait être un puissant maître pour moi dans les années à venir. Lorsque, d'une manière automatique, j'allais régler l'addition, elle me dit gentiment qu'elle payerait sa part et que je devais réexaminer mes présomptions.

Diane n'a cessé de m'aider à reconsidérer mes

idées toutes faites sur les relations homme/femme. Je pensais que je ne me raccrochais plus à mes vieilles idées masculines et chauvines, mais je me trompais. J'en avais encore beaucoup et me les cachais.

J'ai trouvé que ce que Diane écrivait était non seulement très beau mais également très utile pour moi personnellement. Jusque-là, elle ne s'en était ouverte qu'à deux personnes, mais cela était d'une telle élévation d'esprit que je lui demandai la permission d'en lire des passages à mes conférences. Elle fut d'accord à condition que je ne dévoile pas l'identité de l'auteur.

Lorsque je partageais la sensibilité de ses écrits avec une assemblée, c'était toujours un immense succès et nous avions de très nombreuses demandes de gens qui voulaient en avoir copie. A cette époque, je poussais Diane à publier ce qu'elle écrivait mais, pendant six ans, sa direction intérieure n'alla pas dans ce sens.

Depuis le début et au niveau le plus profond, Diane et moi avons toujours ressenti la tendresse et la profondeur d'un lien entre nos deux âmes. Elle avait au fond des yeux un éclat et une douceur qui me traversaient entièrement, de la tête aux pieds. Pourtant, il y avait en surface de nombreux points qui nous amenaient des conflits à l'un comme à l'autre. Une fois de plus, mes anciennes impressions sur le bien-fondé de la confiance resurgirent. Ces sentiments se mélangeaient aux sentiments conflictuels non résolus de jalousie et de possession dont je croyais à tort m'être débarrassé. Je me mis à revivre certains de mes vieux scénarios. Je compris que j'avais enterré bien des questions sur les relations personnelles au lieu d'essayer de les résoudre.

Nous avions tous deux des sentiments de culpabilité provenant de relations antérieures personnelles et professionnelles. Il nous vint très souvent à l'esprit de prendre des directions opposées l'un par rapport à l'autre, de nous fuir l'un l'autre.

Un soir, environ deux ans après le début de notre relation, je me mis dans une forte colère contre Diane. Elle ne coïncidait pas avec le moule que mon esprit avait fabriqué pour elle. Cela voulait dire qu'elle ne faisait pas ce que je voulais qu'elle fasse; elle ne répondait pas à mes besoins.

Je me mis à interpréter sa saine indépendance comme le signe qu'elle me rejetait. Je laissais de côté tous les principes spirituels que j'avais tenté d'appliquer dans ma vie. Dans le vif de ma colère, que je considérais juste et justifiée, je fis tout ce que je pouvais pour lui donner tort et me donner raison. Une fois de plus, j'avais choisi d'avoir raison et non d'être heureux.

Ce soir-là, je me couchai plein de rage, d'amertume et de dégoût. Néanmoins, en posant ma tête sur l'oreiller, j'eus encore assez de présence d'esprit pour demander à Dieu de m'aider. Je voulais avoir l'esprit en paix et non pas ressentir toute cette agitation intérieure. Je fus réveillé vers deux heures du matin en me sentant vivement poussé à écrire.

Il me vint une méditation sur l'amitié qui m'aida et qui aussi aida beaucoup de gens. Cette méditation figure à présent sur un poster qui comporte également une photographie de mes parents se donnant la main à quatre-vingt-dix ans. Ce texte m'amena à considérer l'amitié d'une manière entièrement différente.

Amitié

Je te remercie de m'apprendre ce qu'est l'amitié : que l'amitié est une relation qui n'a pas de besoins ; où l'intérêt que l'on porte au bien de l'autre est le même que celui que l'on porte à son propre bien ; un état d'esprit dans lequel il n'y a pas de peur, pas de culpabilité, pas de pensées d'attaque, pas de sentiment d'être vulnérable ; où il est bien que toi et les autres me voyez tel que je suis réellement ; où il y a constamment le don et le pardon ; où le seul désir est de servir, d'être doux et patient ; où il n'y a ni passé ni futur mais seulement le présent ; où chaque instant est pour aimer et lâcher prise entièrement et où il n'y a aucune attache, aucune crispation, aucune demande.

Cette amitié-là est une relation où il n'y a que lumière, où il n'y a qu'union et partage d'amour, où il n'y a pas d'exclusivité ; où le lieu géographique et la séparation physique n'ont aucune importance ; où il y a amour total et acceptation totale, quelles que soient les perceptions illusoires de séparation qui sont produites par le temps et l'espace.

Cette amitié-là est éternelle, un état dans lequel aucune pensée, aucune parole, aucun acte ne cause de sentiment de peine ou de séparation, où la lumière de l'Esprit est la seule réalité.

Cette amitié vraie est un état de béatitude où nous ne voyons que le Moi Divin dans l'autre. C'est un état dans lequel nous savons intérieurement que nous sommes reliés par l'amour, l'un avec l'autre et avec Dieu à jamais.

Je découvris que l'on peut apprendre quelque chose à partir de ses conflits personnels et, qu'avec l'aide de Dieu, je pouvais immédiatement changer la perception que j'avais d'une relation, de moi-même ou du monde. J'étais plein de reconnaissance. Avec ce changement dans ma perception des choses, la base d'une relation entièrement nouvelle avec Diane vit le jour.

Il nous devint parfaitement clair à tous les deux que notre relation ne fonctionnerait pas si chacun de nous ne s'engageait pas à donner à Dieu la première place dans notre vie. A partir de là, nous avons fait de notre mieux pour nous libérer de tout attachement et pour « aimer et lâcher prise » chaque jour. La prière et la méditation devinrent des nécessités quotidiennes. Chaque jour, nous faisions un réel effort pour abandonner nos propres plans et laisser Dieu nous montrer le chemin. Nous avons encore de nombreux moments durant lesquels nous sommes pris par l'activité du jour et oublions de « rester tranquilles » et de nous effacer. Néanmoins, nous apprenons que, lorsque cela se produit, nous pouvons prendre le temps de faire un nouveau choix : est-ce la paix ou la discorde que nous voulons ?

Au cours de mes relations précédentes, j'avais toujours un plan pour la forme que la relation devait prendre. Je ressentais le besoin d'être certain que la forme de la relation resterait la même. Ce fut donc pour moi une expérience tout à fait nouvelle de ne pas prescrire à l'avance la forme que la relation devait avoir.

Au printemps 1984, un changement majeur se produisit entre Diane et moi. Juste avant de faire une conférence, j'eus une laryngite. Certains membres du centre offrirent de me remplacer. J'avais prévu de lire certaines choses que Diane avait écrites et je lui proposai de les lire à ma place. Elle refusa aussitôt. Lorsque je lui demandai si elle avait prié à ce sujet, elle me dit que non. Elle se mit donc en prière et, à sa grande surprise, la réponse qu'elle reçut fut positive.

Diane avait été l'une des personnes les plus secrètes que j'aie jamais connues. Elle n'avait jamais parlé devant beaucoup de gens. Ce soir-là, cependant, ce fut comme si elle avait parlé en public toute sa vie. Le pouvoir guérisseur de la lumière d'amour qu'elle irradiait toucha tout le monde. Il lui fut impossible d'ignorer le merveilleux feedback qu'elle reçut de toute la salle.

Nous nous sommes mis progressivement à donner des conférences ensemble et nos déplacements nous ont conduits dans toutes les parties du globe. Nous travaillons le plus souvent sur les points suivants: la Guérison des Attitudes, la Guérison des Relations, l'Amour Est la Réponse, les Applications Pratiques de la Guérison des Attitudes pour le sida.

Un soir, notre moi personnel montra son vrai visage. Nous donnions une conférence à l'Opéra de Seattle dans l'Etat de Washington. La salle était pleine et nous nous tenions derrière le rideau en attendant d'être annoncés. Je risquai un coup d'oeil et vis que l'immense salle était bondée. Je pris peur et dis à Diane que j'étais désolé, mais que je devais retourner aux toilettes. Il me fut difficile de trouver les toilettes dans les coulisses.

Ensuite, lorsqu'il me fallut revenir sur la scène, je me trompai de direction et me perdis.

Pendant ce temps, Diane était envahie par ses propres peurs; elle se demandait ce qu'elle ferait lorsque le rideau se lèverait sans que je sois là. Cela se passait à une époque où nous commencions à faire des conférences ensemble et elle n'était pas encore très connue. Ce soir-là, elle sentait que les gens étaient venus pour m'écouter moi et non pas elle.

Plus tard, Diane me dit que, lorsque le présentateur nous avait annoncés, sa peur et sa colère redoublant, elle avait eu envie de m'étrangler pour l'avoir laissée seule face à la foule. Elle finit par décider que si le rideau se levait sans que je sois là, elle dirait simplement la vérité, à savoir que j'étais allé aux toilettes à la dernière minute et que je ne retrouvais probablement plus mon chemin. Au moment où le rideau se levait, j'arrivai en courant sur la scène, hors d'haleine.

Je rends grâce à Dieu du fait que Diane n'ait pas eu à fournir ses explications ce soir-là.

En travaillant ensemble et en faisant de notre mieux pour écouter notre propre direction intérieure, nous avons remarqué qu'il s'établissait en chacun de nous un plus grand équilibre entre les aspects masculins et les aspects féminins. S'il y a un secret pour la réussite que nous avons connue en aidant les autres et nous-mêmes, c'est que nous faisons tout notre possible pour ressentir que notre propre plénitude est liée à notre Créateur.

Il y a dans le *Cours sur les Miracles* une prière très importante que nous avons personnalisée et que nous disons avant chaque réunion, chaque conférence ou chaque atelier que nous animons. C'est une façon rapide de laisser de côté notre ego, d'abandonner la peur, de laisser la lumière de Dieu briller en nous et nous dire ce que nous devrions penser, dire et faire. La voici :

Je suis ici seulement pour aider vraiment.
Je suis ici pour Te représenter, Toi qui m'as envoyé.
Je n'ai pas à m'inquiéter de ce que je vais dire ou faire car Toi qui m'as envoyé vas me diriger.
Je suis heureux d'être là où Tu veux, sachant que Tu y viens avec moi.
Je serai guéri en Te laissant m'apprendre à guérir.

L'abandon des « particularités »

Le système de croyance de l'ego veut nous faire croire que nous vivons dans un monde de pénurie et que des gens « particuliers » vont venir dans notre vie, qu'ils vont nous éblouir, satisfaire tous nos besoins, nous aimer plus que tous les autres et rester avec nous pour toujours, avec pour seul désir de nous rendre heureux, quoi que nous leur fassions. Lorsque nos relations sont construites sur le vide formé par les illusions de l'ego, il n'est pas étonnant que nous soyons si nombreux à avoir du mal à nourrir des relations intimes.

Voyons d'un peu plus près comment l'ego se sert des relations pour occulter la présence de Dieu. Le message de l'ego est qu'il n'y a pas de Dieu et qu'on ne peut faire confiance à personne. C'est pourquoi l'ego fonctionne souvent à pleine vitesse en essayant de manipuler les autres et en n'étant concerné que par la forme de la relation et non par le fond. L'ego pense qu'il faut posséder les relations, qu'il faut les contrôler et les mouler selon nos préférences.

Dans nos relations, lorsque nous suivons l'ego, nous commençons par développer une illusion d'amour. Mais dès que nos besoins ne sont plus satisfaits, c'est la fin de la lune de miel. Une relation d'amour/haine se développe à mesure que nous nous sentons frustrés et que nous sommes en colère devant ce que nous percevons comme nos besoins non satisfaits.

Les objectifs de la journée deviennent la colère, les reproches, l'attaque, la défense, la possession, la jalousie, le contrôle, la ruse, la malhonnêteté et la dissimulation. Lorsque nous avons mis tous ces ingrédients à cuire sur notre fourneau intérieur, Dieu est à nouveau exclu de notre champ de vision et nous ne le trouvons plus nulle part. Lorsque j'analyse mes relations précédentes et certains aspects de ma relation avec Diane, je comprends davantage comment mon ego peut créer un brouillard d'une telle densité qu'il ne m'est plus possible de voir Dieu.

Nous avons travaillé dur, Diane et moi, pour que notre « relation spéciale » devienne une relation sainte. Cela signifie que nous nous efforçons de consacrer notre relation à Dieu plutôt qu'à nous-mêmes, en faisant de notre mieux pour reconnaître mutuellement notre propre direction intérieure et lui apporter notre soutien. Nous avons toujours des conflits et des crises; nous faisons des erreurs et nous chutons. Néanmoins, le pardon nous fait nous relever.

Bien souvent, nous ne suivons pas une ligne toute droite, mais cependant il nous semble que nous allons dans la bonne direction. Notre ego continue de tout faire pour nous rendre la tâche difficile.

Plus j'accepte Diane et les autres dans ma vie et plus je leur donne de l'espace, plus je reçois d'amour. Plus j'ai abandonné mes anciens intérêts personnels pour m'intéresser à Diane et aux autres autant qu'à moi-même, plus je suis devenu libre et heureux.

J'avais l'habitude de m'accrocher aux nombreux sentiments que j'éprouvais au cours d'une relation. En apprenant à être davantage responsable de mes propres sentiments, j'éprouve moins le besoin de conserver les choses.

Lorsque Diane et moi sommes en conflit, nous avons trouvé utile de simplement nous demander de l'aide l'un à l'autre. Les simples mots *j'ai besoin d'aide* sont magiques et apportent immédiatement avec eux une écoute dans l'amour. Notre façon de réagir a bien changé par rapport au passé où nos deux egos voulaient attaquer ou se défendre contre ce que l'autre disait et où nous finissions par choisir la discorde plutôt que la paix.

Lorsque l'un de nous deux est perturbé, il demande à l'autre s'il se sent assez sûr pour lui permettre d'être insensé pendant quelques minutes et pour percevoir que ce qu'il va dire n'est pas une attaque mais un appel à l'aide et à l'amour. Cela nous aide à éviter les confrontations qui finissent par les sempiternels jeux d'attaque et de défense, de culpabilité et de jugement. Il est stupéfiant de voir comment l'amour inconditionnel par l'écoute peut nous redonner la paix intérieure.

Nous constatons que le fait de commencer et de finir chaque journée en nous souvenant de Dieu et en nous engageant à n'avoir pour but que la paix de l'esprit est la meilleure garantie pour passer la journée ou la nuit dans la paix.

La profondeur de l'amour inconditionnel s'est accrue continuellement dans notre relation à mesure que nous abandonnions nos limites. Le fait essentiel est que nous apprenons à laisser disparaître aussi bien la prétention de l'ego à écrire son propre scénario que notre prétention de vouloir écrire le scénario de l'autre.

A mesure que nos deux volontés se sont unies, notre chemin spirituel nous a conduit un peu partout dans le monde. Comme codirecteurs d'un programme que nous avons fondé avec des amis en 1982, nous avons emmené des enfants en république populaire de Chine, en Union soviétique et en Amérique centrale. Nous nous sommes sentis privilégiés d'avoir servi de catalyseur pour que Dieu permette à des voix d'enfants de se faire entendre à travers le monde. Nous sommes convaincus que leur espoir de paix et leur clarté sur ce point constituent l'espoir du monde, et nous nous sentons comblés de voyager avec de jeunes enfants et d'apprendre tant de choses par eux.

Chaque jour, nous faisons de notre mieux pour simplifier notre vie, pour apprécier et vivre la richesse de la nature et de la tranquillité. Au lieu de vivre comme nous l'avions fait, en planifiant sur cinq ou dix ans, nous cherchons à vivre au jour le jour, en demandant chaque jour à être orientés et dirigés.

Au moment où j'écris ce livre, nous sommes dirigés à consacrer notre énergie à travailler avec des enfants et des adultes atteints du sida et à aider la profession médicale qui travaille avec eux.

En m'éveillant à ma relation avec Dieu par l'intermédiaire de Diane et d'autres, j'ai accepté et vécu un amour inconditionnel bien au-delà de ce que j'aurais pu imaginer. J'ai de plus en plus conscience du fait qu'il n'y a pas de lutte contre Dieu. Lorsque je suis en conflit, il m'est à présent plus facile de reconnaître que la lutte et la peur dont je fais l'expérience sont dans mon propre esprit.

Je sais maintenant que les relations n'existent que pour que nous nous unissions et que nous fassions l'expérience de la présence de Dieu dans l'autre. Je rends grâce pour tous les dons que Dieu m'a offerts au travers des relations que j'ai eues.

Bien des gens s'intéressent aux formes que peuvent prendre les relations et l'on me demande souvent mon opinion sur la forme que va prendre ma relation avec Diane. Je réponds: «Je ne sais pas. Ce que je sais, c'est que nous nous soutiendrons toujours mutuellement par le coeur avec tendresse et bienveillance. Sans nous occuper de savoir si nos corps physiques seront dans un même lieu, nos coeurs seront toujours unis en tant qu'un, l'un avec l'autre et avec Dieu, et ils laisseront la lumière de Dieu briller par notre intermédiaire pour apporter davantage de lumière dans un monde assombri par la peur.»

LE MIRACLE DU PAPILLON

Le lâcher prise et le pardon sont une seule et même chose.

Ils ont pour fonction de laisser se dissoudre notre attachement émotionnel au passé et l'intérêt que nous y trouvons.

Leur but est de nous permettre de faire l'expérience de l'Unité avec Dieu.

Lorsqu'ils s'appliquent aux « relations particulières », le lâcher prise et le pardon nous permettent de nous libérer de notre emprisonnement en quelqu'un d'autre, emprisonnement déguisé sous la croyance que l'autre a quelque chose dont nous avons besoin.

Lâcher prise et pardonner, c'est transcender les limites et la prison du cocon, pour devenir l'essence de la joie, de la liberté et de la beauté que nous voyons dans le papillon.

C'est l'Unité que nous voyons lorsque les teintes et les nuances des ailes du papillon se fondent et se confondent avec les vibrations d'une fleur.

C'est ce qui nous permet de faire l'expérience de notre propre amour en tant qu'Un avec tout ce qui est dans l'Univers.

Lorsque nous nous abandonnons et que nous pardonnons dans une relation particulière, nous vivons le miracle de la dissolution immédiate de la jalousie, de la possessivité, de l'exclusivité et du sentiment de manquer de quelque chose.

Le sentiment de vouloir acquérir quelque chose de quelqu'un, le besoin de contrôler, de manipuler et de prédire le comportement d'un autre, tout cela disparaît simplement.

Disparaissent également l'amour à visage de haine des

relations spéciales, le fait de haïr ou d'aimer selon que les besoins perçus sont satisfaits ou non.

Ce miracle a pour effet de nous rappeler et de nous faire reconnaître que notre seule essence est l'Amour; l'Amour n'a besoin de rien : sa seule fonction consiste à se créer lui-même.

Le miracle du papillon est le symbole de la transformation d'une relation particulière en une Relation Sainte, en laissant disparaître les chaînes de la prison que nous nous imposons.

Le miracle du papillon est la connaissance du fait que nous sommes Un l'un avec l'autre et avec Dieu pour toujours.

CHAPITRE 15
LE SIDA
TRANSFORMER LA PEUR EN COMPASSION ET EN AMOUR

Ouvrez votre coeur à l'Amour de Dieu et tout besoin que vous pensiez avoir disparaîtra.

Le défi

Le sida est devenu le point central de mon attention. Il ne fait aucun doute que ce travail est le plus grand défi de ma vie. En un sens, tout ce que j'ai appris sur la guérison des attitudes durant ces dernières années a été une préparation pour mon travail avec des gens atteints du sida.

Jusque-là, je n'avais jamais connu d'expérience qui m'émeuve autant, et qui mette autant mes croyances à l'épreuve que mon travail avec des enfants et des adultes qui, dans la fleur de l'âge, sont frappés d'une maladie contre laquelle il n'existe encore aucun remède.

La tentation a été grande de m'identifier à la douleur, à la souffrance et au désespoir que vivent ces gens. J'ai également été tenté de recommencer ma lutte contre Dieu et de dire que, ou bien il existe un Dieu cruel et insensible, ou bien il n'y a pas de Dieu.

Il m'est encore difficile de ne pas me limiter à une réalité perceptuelle. Pour être en paix, il me faut sans cesse me rappeler que j'enseigne ce que je veux apprendre. Et je trouve que les principes de la guérison des attitudes sont une grande aide pour ceux qui ont le sida, ainsi que pour leurs amis et leurs familles.

Voici quelques questions de base qui se sont posées à moi comme à l'équipe du centre :

1. Comment pouvons-nous aider ceux qui sont atteints du sida et leur donner de l'espoir, alors que leur médecin leur dit que leur maladie est fatale ?
2. Comment pouvons-nous aider les médecins et d'autres membres du corps médical qui ont ressenti le poids de l'impuissance, du désespoir et du découragement ? Ils voient mourir tellement de gens qui leur sont confiés qu'ils peuvent eux-mêmes avoir peur de mourir du sida.
3. Comment pouvons-nous aider le grand public, ces millions de gens qui sont prisonniers de la peur et de l'angoisse et qui manquent d'information appropriée ?

Les gens qui travaillent à notre centre se sentent privilégiés de servir ceux qui sont pris dans cette crise ainsi que leurs familles. Nous avons été témoins de certains courages qui surpassaient tout ce que nous avions vu jusqu'ici. Nous avons vu des malades atteints du sida, leurs conjoints et leurs familles exprimer une compassion, une tendresse, une douceur et un amour inconditionnel qui dépassaient de loin tout ce qu'ils avaient pu vivre auparavant.

Parfois, nous avons vu des victimes du sida rejetées par leurs employeurs et leurs collègues, par leur famille, par certains secteurs du corps médical et dentaire, ainsi que par certaines personnes de leur voisinage. Nous avons été témoins de personnes atteintes du sida qui faisaient la démonstration non pas de la colère mais d'un pardon total, de quelque chose que je ne serais pas certain de pouvoir faire si j'étais à leur place. J'ai la chance extraordinaire d'avoir appris par ces êtres précieux ce que peut être le vrai pardon dans les circonstances les plus difficiles.

J'ai vu le courage de gens gravement malades qui, remplis de peur comme ceux qui les entourent, remettent honnêtement en question leur sens des valeurs et commencent à se pencher sur certaines des questions les plus difficiles de la vie : quel est le but de la vie ? Quelle est la vraie réalité ? Suis-je plus que ce corps ? La mort est-elle au bout du parcours ou bien la vie est-elle éternelle ? Existe-t-il une force d'amour et de création ? Puis-je pardonner au monde pour la perception que j'ai de ce qui m'arrive ? Puis-je commencer à vivre ma vie le mieux possible, au jour le jour, en offrant à chacun un amour inconditionnel et en vivant pour donner au lieu de chercher à obtenir ? Puis-je vivre ma vie centré sur le contenu de l'amour et non sur la forme de mon corps ?

L'épidémie de peur

Il est vraisemblable que rien dans le monde moderne n'a causé autant de peur et d'angoisse que le sida. Aujourd'hui, le sida devient de plus en plus une maladie hétérosexuelle et il semble qu'aucun individu, aucune catégorie d'âge ou aucun pays ne bénéficie d'une immunité naturelle. Pour presque tout le monde, cela devient : « Mon Dieu, cela pourrait m'arriver ! » L'ego s'affole avec la peur de notre propre mort ou de la mort de nos proches. Notre peur, notre préoccupation de la mort et la pensée que nous pourrions devenir l'innocente victime du virus peuvent nous envahir. Lorsque cela se produit, l'ego cherche désespérément quelqu'un à incriminer.

Notre peur et notre colère peuvent nous aveugler à un tel point que nous nous mettions à attaquer les autres et à nous en séparer. Lorsque nous avons peur, nous sommes enclins à des comportements irrationnels. Pour certains, la peur devient telle que, dans un désespoir aveugle, ils attaquent les homosexuels, ceux qui se droguent par intraveineuses, les prostituées et même les enfants atteints du sida et leurs parents.

En s'efforçant de trouver quelqu'un à incriminer, l'ego, dans sa folie, pointe souvent un doigt accusateur en direction de Dieu. Lorsque son raisonnement lui dit que Dieu ne peut être qu'un dieu vengeur, on entend des remarques du type : « Le sida est la manière dont Dieu punit les homosexuels pour leurs péchés sexuels. » L'ego peut même aller plus loin et affirmer que les parents d'un enfant atteint du sida sont punis pour leurs mauvaises actions.

Lorsque la peur élève une grande muraille autour de notre esprit et de notre coeur, cela crée un état d'obscurité dans lequel il semble qu'il soit impossible de trouver Dieu ou le pardon. Alors, nous nous immergeons dans la méfiance et la paranoïa et nous nous persuadons nous-mêmes que nos sentiments sont rationnels et intelligents.

Lorsque nous sommes dévorés par la peur, la colère et l'angoisse, notre esprit refuse de recevoir de nouvelles informations, ce qui nous laisse dans un état d'ignorance. La peur produit alors un blocage qui ne tient pas compte de l'évidence scientifique selon laquelle le sida ne peut se transmettre que par des relations sexuelles, par l'utilisation de mêmes aiguilles ou par des mélanges de sang.

Le fait que le sida ne puisse se transmettre par des contacts ordinaires, qu'on ne puisse le contracter dans un restaurant, sur un siège de toilettes, par un éternuement, dans un lieu de travail ou dans un établissement scolaire, tout cela est totalement occulté par l'esprit de celui qui a peur.

Cette peur et sa perception limitée créent un monde sans amour, sans compassion, sans bienveillance, un monde tout de séparation. Alors l'ego se justifie en disant qu'il est normal et rationnel de penser d'abord à soi, même si cela implique de renvoyer quelqu'un de son travail, de refuser de le servir dans un restaurant ou d'interdire l'école à un enfant.

La peur a conduit des gens à chercher à légiférer pour mettre en quarantaine ceux qui sont atteints du sida ou qui semblent être porteurs du virus. La peur elle-même peut devenir contagieuse. A mesure que la maladie s'étend sur une large échelle, la peur qu'elle engendre fait de même.

Le problème du sida ne concerne plus seulement l'Afrique, Haïti, New York et San Francisco. Ce n'est plus une maladie qui touche « quelqu'un d'autre ». Le sida nous affecte tous aujourd'hui. Il est plus que probable que, dans un avenir proche, tout le monde aura un membre de sa famille, un ami ou une connaissance qui aura le sida ou sera porteur du virus.

Le phénomène du sida donne aux malades et à tous ceux qui sont en contact avec eux l'occasion d'examiner de près ce qu'est la vie, quel but nous avons et ce que nous ressentons par rapport à la mort. Il nous fournit l'occasion de choisir ce sur quoi nous voulons nous focaliser : la qualité et l'essence de notre vie, ou bien les formes qu'elle prend. Il nous met par ailleurs au défi d'apprendre la vraie compassion et l'amour inconditionnel. En d'autres termes, il nous apporte une nouvelle occasion de transformation personnelle et spirituelle. Pour chacun de nous, il peut être un temps où nous reconnaissons que notre identité réelle est spirituelle et non physique.

Nous pouvons commencer à découvrir une autre manière de considérer la guérison en nous rappelant que celle-ci est un abandon du passé, un abandon de la peur. Alors, nous pouvons nous mettre à comprendre que la vraie guérison ne concerne peut-être pas tant le corps mais a *tout* à voir avec notre coeur et notre esprit. Il est temps de guérir la peur et les pensées négatives, et pas seulement le corps. Il est temps pour nous d'abandonner notre peur de la mort et du futur, et de croire que l'amour et la vie sont la même chose et qu'ils sont éternels.

William Blake a dit un jour : « Lorsque les portes de la perception seront nettoyées, les choses nous apparaîtront telles qu'elles sont... infinies. »

Aujourd'hui, notre défi consiste à changer la façon dont nous regardons le monde. Nous pouvons alors commencer à faire l'expérience d'une réalité qui transcende la perception, une réalité où il n'y a pas de séparation, où notre seule réalité est Dieu et l'amour.

S'il y eut jamais une époque où il ne faut pas tourner le dos à l'amour, c'est maintenant. En ayant une attitude compatissante et en portant le même intérêt aux autres qu'à nous-mêmes, nous pouvons démanteler les murailles protectrices que nous nous sommes construites, nous pouvons ouvrir notre coeur et engager notre foi et notre confiance en l'amour et en un Créateur d'amour.

Voilà, je crois, le défi que nous rencontrons tous aujourd'hui : sommes-nous disposés à laisser l'amour et la compassion remplacer la peur que l'humanité a fabriquée et à laquelle elle est devenue si attachée depuis des siècles ?

Y a-t-il jamais eu de meilleur moment que la seconde présente pour décider de valoriser l'amour seul et non plus la peur ?

Le programme du sida au Centre de Guérison des Attitudes

J'ai commencé à me pencher activement sur la question du sida en 1982. J'ai pensé que notre Centre de Guérison des Attitudes avait des outils valables à offrir aussi bien au public qu'aux personnes atteintes du sida. A l'époque, je ne voyais pas que ce serait pour moi une nouvelle occasion d'éprouver ma foi envers Dieu.

J'ai eu la grande chance d'avoir pour maîtres des enfants atteints du sida et leurs parents, des adultes atteints du sida et leurs conjoints, des amis et des parents de personnes atteintes par le virus et tous les gens qui ont collaboré avec nous à notre centre.

En 1983, j'ai proposé à la directrice du centre, à toute l'équipe et au conseil d'administration d'étendre notre travail et d'y inclure les malades atteints du sida et leur famille. Bien qu'une bonne partie de l'équipe fît bon accueil à cette idée, certains dirent qu'ils étaient trop débordés pour étendre leur action. J'ai aussi trouvé de la résistance chez certains patients du centre.

Les membres de l'équipe qui étaient favorable à l'idée se sont demandés si ce n'était pas la peur plus que le surcroît de travail qui retenait les autres. Comme le centre repose sur le fait de choisir l'amour au lieu de la peur, nous avons ressenti que nous avions besoin de guérir nos propres peurs avant d'aller plus loin.

Il était clair que notre centre avait besoin d'une intense formation préliminaire. Des spécialistes du sida sont venus parler à notre équipe et nous avons été visiter des centres de traitement de cette maladie. Il a fallu environ six mois pour que l'équipe abandonne sa peur et se décide à collaborer dans ce domaine. Pour ma part, j'ai encore appris une leçon importante : ne pas faire de présomptions.

L'équipe prit la décision d'intégrer ceux qui avaient le sida aux autres personnes atteintes de maladies graves. Comme toujours, nos services devaient être gratuits. Des groupes eurent lieu le mardi matin et le mardi soir; le mardi soir, il y avait également un groupe de soutien pour les familles, les amis et les conjoints. Cela se passa merveilleusement bien.

Environ six mois après le début du programme,

ceux qui étaient atteints de sida nous demandèrent si nous pouvions organiser un groupe supplémentaire qui leur serait exclusivement réservé. Ils trouvaient que les groupes mixtes étaient utiles, mais ils voulaient un groupe entièrement consacré au sida.

Aujourd'hui, près de la moitié de nos participants atteints de sida vont dans les deux catégories de groupe. Notre équipe passe aussi beaucoup de temps à faire des visites à domicile et dans les hôpitaux. Nous avons récemment commencé un groupe appelé « Bien mais Inquiet » pour ceux qui ont été reconnus séropositifs, c'est-à-dire qu'ils ont été infectés par le virus, mais qu'ils n'ont pas de maladie active.

Nous recevons des enfants atteints du sida et leur famille, ainsi que des enfants séropositifs. Nous nous sommes déplacés dans toutes les parties du pays pour rendre visite à ces deux catégories d'enfants.

Nous avons également travaillé avec des hémophiles séropositifs et des organismes pour hémophiles. Par ailleurs, nous avons aussi mis en place à travers tout le pays un « Réseau Téléphonique Enfants et Sida » qui est à la fois un groupe de soutien et un réseau d'information. Notre ami dessinateur Jack Keeler a créé un poster qui est utilisé à l'échelon national et international pour contribuer à parler du travail qui se fait dans d'autres centres comme le nôtre. Il représente un petit enfant triste et au bas de l'affiche est marqué : J'AI LE SIDA. S'IL VOUS PLAIT, EMBRASSEZ-MOI. JE NE PEUX PAS VOUS RENDRE MALADE. Ce poster a été reproduit dans bon nombre de revues, y compris *Newsweek*, sur des panneaux d'affichage et à la télévision, et ceci dans plusieurs pays.

Je voudrais vous faire part de plusieurs faits concernant les gens courageux avec lesquels j'ai travaillé et qui ont été mes maîtres. Leurs histoires respectives font la démonstration des applications pratiques des principes de la guérison des attitudes.

Mon premier patient atteint de sida était un jeune homme qui s'appelait William Calderon. Il était coiffeur et possédait avec Henry, son compagnon, un salon en vogue. L'une des clientes de William, Judith Skutch Whitson, fut pour lui un point de repère lumineux et un appui. Elle lui disait toujours qu'il n'y avait rien d'impossible et qu'elle ne perdrait jamais l'espoir.

Judy démontrait qu'elle n'avait pas peur en le serrant dans ses bras et en l'embrassant chaque fois qu'elle avait rendez-vous dans son salon. Elle lui avait donné un exemplaire de *Aimer c'est se Libérer de la Peur* et lui avait parlé des livres du docteur Carl Simonton. Des articles dans la presse citaient William comme l'homme qui avait vécu le plus longtemps avec le sida et qui était encore en bonne santé. Ce fut Judy qui me présenta William.

William, Henry et moi avons fait converger nos efforts pour créer une fondation sida à Los Angeles. William et Henry donnaient l'exemple d'un amour inconditionnel extraordinaire. Henry n'abandonna pas son compagnon lorsqu'on découvrit qu'il avait le sida. Tout en prenant toutes les précautions conseillées par les autorités médicales, Henry n'avait pas peur de la maladie.

Ensemble, ils s'enseignaient l'un l'autre et ils enseignaient à beaucoup d'autres personnes et à moi-même bien des choses touchant la bienveillance et la patience. Nous sommes devenus de très bons amis tous les trois. Henry et William commencèrent à évaluer différemment la qualité de leur vie et leur style de vie, et ils se mirent à consacrer une grande partie de leur temps à aider les autres.

Leur plus grande joie vint par le travail qu'ils faisaient en aidant ceux qui étaient paralysés par la peur et l'angoisse. Lorsque quelqu'un consacre toute son attention et son énergie à aider autrui, il commence à perdre la préoccupation et le souci qu'il a de son propre corps.

C'est ce qui est arrivé à William et ce processus commença à ouvrir des portes qui lui permirent de faire l'expérience de la paix de Dieu. La lutte que menait William contre Dieu cessa progressivement. En travaillant avec lui, j'ai beaucoup appris sur ma propre lutte contre Dieu.

Après avoir eu cette maladie pendant six ans, sa santé déclina. Lui et moi nous étions toujours étreints et embrassés sur les joues lorsque nous nous rencontrions. Un jour que je lui rendais visite chez lui, j'ai remarqué des lésions qui lui couvraient une grande partie du corps. Alors que je le serrais dans mes bras et que j'allais l'embrasser, j'entendis une voix en moi que je ne voulais pas croire.

J'étais sûr de ne pas avoir peur du sida et pourtant, la voix de mon ego me disait : « Tu ferais bien de faire attention; es-tu certain de vouloir l'embrasser sur la joue ? » J'avais honte et je me sentais hypocrite. Alors, je me suis rappelé l'histoire de saint François d'Assise. Sa vie fut transformée lorsqu'il embrassa un lépreux après avoir commencé par hésiter. Il surmonta sa peur et ne vit en cet homme que la lumière de l'amour, au lieu de le prendre pour son corps et la maladie mortelle qui l'affectait.

Je me dépêchai de serrer mon ami dans mes bras comme d'habitude et de l'embrasser sur la joue.

Durant cette seconde, je ne vis en William que la lumière de l'amour et je sentis une lumière qui nous unissait en tant qu'un. L'amour avait remplacé la peur. William se mit alors à me parler de certaines peurs qu'il éprouvait face à la mort et il le fit avec une profondeur qu'il n'avait jamais manifestée jusque-là.

Parmi les gens que j'ai connus, William a été l'un de ceux qui ont le plus travaillé à guérir leurs relations. Il avait d'anciennes relations non guéries avec des membres de sa famille, ainsi que des relations plus récentes à guérir : des clients, des médecins, des conseillers et bien d'autres. William devenait de plus en plus un point de repère lumineux. Il était rare de ne pas voir sur son visage la chaleur de son merveilleux sourire.

William savait ce qu'il voulait pour ses funérailles. Il voulait que ce soit la fête de la vie. Il voulait une musique joyeuse qu'il avait choisie lui-même, il voulait que la cérémonie se déroule là où il habitait avec Henry et que ce soit moi qui l'anime. L'une de nos prières favorites à William et à moi était la prière de saint François d'Assise.

Durant ses dernières semaines, je lui rendis visite chez lui presque chaque jour. Il aimait que je récite cette prière et, lorsque je la récitais, je pouvais voir de la lumière qui passait dans ses yeux, même lorsqu'il ne lui fut plus possible de parler. William comprit que sa mission était d'illuminer tous ceux qui venait le voir, en sachant qu'ils avaient souvent peur et ne savaient pas quoi dire.

Il vit que son but consistait à partager sa foi et sa confiance dans la paix de Dieu avec tous ceux qui venaient. J'ai vu s'opérer en lui une transformation spirituelle. Tous ceux qui le connaissaient trouvaient en lui un enseignant extraordinaire de courage, de patience, de foi et de confiance.

Tous ceux d'entre nous qui ont eut le privilège de connaître William durant son bref séjour ici-bas, et qui ont vu quel maître il était pour nous, continuent à ressentir en eux la présence de son amour.

Les enfants atteints du sida

Diane et moi-même avons pris l'avion pour aller voir Ryan White peu de temps après qu'on lui eut diagnostiqué le sida. Ryan avait contracté le virus par une transfusion sanguine. Lorsque nous l'avons vu pour la première fois, il était très malade et personne ne pouvait dire s'il allait survivre ou mourir. Au cours de cette visite, Jeanie, sa mère, nous apprit l'histoire de la maladie de Ryan et la manière dont elle-même, sa fille et Ryan en avaient été affectés. Jeanie nous parla également de l'extraordinaire transformation qui s'était produite, et dans laquelle la haine et la colère s'étaient transformées en amour.

Jeanie nous dit qu'au moment où elle avait appris que Ryan avait le sida, bien que n'ayant jamais rencontré d'homosexuels, elle se mit à les haïr tous en tant que groupe. Elle perdit sur-le-champ sa foi en Dieu. Peu de temps après, elle alla à New York et raconta son histoire sur une chaîne de télévision à une audience nationale. Pendant son séjour, on lui demanda de rendre visite au service du sida de l'hôpital Bellevue.

Au cours de cette visite, la perception de Jeanie commença à changer. Dans ce service, les homosexuels ne lui apparurent plus comme le mal personnifié ou des monstres sexuels, mais comme des êtres humains qui avaient peur et qui demandaient à être aimés.

Deux jours plus tard, il se produisit quelque chose de capital. Jeanie eut au téléphone une femme du Midwest qui l'avait vue à la télévision. Cette femme lui dit qu'elle venait de recevoir un appel de son fils âgé de vingt-cinq ans qui lui avait appris deux choses : tout d'abord, qu'il était homosexuel, et ensuite, qu'il avait le sida depuis plus de trois ans. Son souhait était de revenir dans son foyer pour mourir. D'une voix nouée par l'angoisse, cette mère demanda à Jeanie ce qu'il fallait faire.

Celle-ci lui répondit sans hésiter : « Le plus grand cadeau que vous puissiez vous faire à vous-même, le plus merveilleux cadeau que vous puissiez faire à votre fils et le plus beau cadeau d'amour que vous puissiez offrir à Dieu est de demander à votre fils de revenir à la maison. Aimez-le, prenez soin de lui, offrez toutes vos inquiétudes à Dieu et n'ayez pas peur. » C'est exactement ce que fit cette mère.

Elle se lia d'amitié avec Jeanie et Ryan téléphonait souvent à son fils pour lui remonter le moral, pour lui redonner de l'espoir et pour partager avec lui ce qu'il éprouvait en ayant le sida.

Diane et moi étions très impressionnés par la façon dont Jeanie avait changé sa perception du monde. Elle avait passé le pont du pardon et commencé à voir la paix, l'amour et Dieu revenir dans son coeur. Il était évident pour nous deux que nous étions là moins pour apporter notre aide que pour apprendre de la famille White. Pour Diane et moi-même, c'était une bénédiction que d'avoir de tels maîtres dans notre vie.

Lorsque l'état de Ryan s'améliora et que ses médecins lui dirent qu'il pouvait retourner à l'école, qu'il n'était plus un danger pour les autres, son école refusa de le reprendre. Une fois de plus, Jeanie fut grandement tentée de se mettre en colère et de se sentir victime. Il fallut un avocat et une longue plaidoirie pour que la décision de l'école soit annulée.

Un jour qu'elle regardait les nouvelles locales à la télévision, Jeanie vit un groupe de parents annoncer qu'ils allaient boycotter l'école de Ryan. Soudain, une petite fille, à peu près de l'âge de Ryan, se fraya un passage au milieu des parents et dit : « Je n'ai pas peur d'avoir le sida. Et il y a beaucoup d'enfants comme moi ici. Ryan a besoin d'amour et d'amitié et c'est ce que nous voulons lui donner. »

Brusquement, Jeanie sentit la présence de Dieu et, de nouveau, le pardon, l'espoir et la paix lui revinrent dans le coeur. Au lieu de voir des parents agressifs, elle commença à percevoir qu'ils avaient peur.

Plus tard, les White sont allés vivre dans une autre communauté urbaine qui les a acceptés, les a aimés, a été compatissante envers eux et les a aidés. La famille de Ryan continue à aider les autres. Je leur ai souvent téléphoné pour les mettre en contact avec d'autres personnes qui participaient à notre Réseau Téléphonique Enfants et Sida, et ils n'ont jamais refusé. Ils savent que donner et recevoir sont la même chose. Je me réjouis car le monde va maintenant apprendre leur courageuse histoire, puisqu'une émission de télévision portant sur Ryan White et sa famille est en cours de préparation.

Sans cesse, il nous est donné de nouvelles occasions de considérer qu'il nous est possible, à travers tout ce qui nous arrive, de choisir ce que nous voulons croire et voir dans notre vie. Il est même possible de transcender la pire des tragédies et le plus profond désespoir tels que l'ego voudrait que nous les percevions. Nous pouvons choisir de ne voir que la vie, la lumière et l'amour.

Les Anges de Miséricorde

A notre centre, nous avons vu des parents nourriciers qui décidaient de faire venir chez eux des enfants atteints du sida. Beaucoup de ces enfants sont nés avec la maladie. Très souvent, leur mère naturelle était droguée et incapable de prendre soin d'eux. Malheureusement, ces enfants sont fréquemment rejetés par leur communauté, leur famille et leurs amis.

J'appelle les parents nourriciers de ces enfants des Anges de Miséricorde. Parmi ces enfants, il y en a qui ont aussi été rejetés par certains de leurs amis ou de leurs voisins.

J'ai parlé récemment à une mère nourricière dont l'enfant atteint du sida venait de mourir la semaine précédente. Elle n'avait pas peur de contracter le sida et voulait s'occuper d'un autre bébé malade le plus tôt possible. Ces mères nourricières enseignent à moi comme à tous ceux qui les connaissent le pouvoir de l'amour inconditionnel et ce qu'est réellement le fait de servir.

Ce sont vraiment des messagères de Dieu.

Pour moi, l'un des maîtres les plus extraordinaires qui m'ont aidé à cesser de lutter contre Dieu a été Ava Jean et sa famille. Après la mort de son mari par cancer, Ava Jean apprit que ses deux fils étaient homosexuels. Puis, son fils aîné contracta le sida. Alors, ce dernier, son compagnon et Ava Jean commencèrent à fréquenter le centre. Son fils mourut par la suite, mais Ava Jean put trouver la tranquillité de la paix de Dieu.

Ava Jean et le compagnon de son fils continuèrent à venir au centre. Elle y reçut la confirmation du fait que, quand la guérison physique est impossible, une guérison spirituelle peut se produire. Ce fait peut transformer la vie de ceux qui sont atteints du sida.

Un peu plus tard, le plus jeune fils d'Ava Jean contracta le sida et mourut.

Quelques mois avant la mort de Peter, je dînai avec lui lorsqu'il me raconta que, depuis un an, la qualité de sa vie avait radicalement changé. Il me confia qu'il était tout près de ressentir l'unité avec Dieu au niveau le plus élevé et que cette expérience était pour lui bien au-delà de toute théologie. Il apprenait, me dit-il, que *vivre avec la conscience de donner* était vraiment l'essence de la vie. Tous ceux qui ont connu Peter ont vu en lui une lumière plus brillante que le soleil. Peter mourut chez lui au milieu du mois de juillet 1988.

Après tout ce qui est arrivé à Ava Jean, on pourrait penser qu'elle est amère et en colère contre le monde et contre Dieu, et qu'elle peut trouver la vie bien difficile.

C'est tout le contraire. Ava Jean a appris à se reposer sur Dieu. Elle s'occupe de l'église épiscopale qui est proche de chez elle et travaille bénévolement à l'hôpital comme aumônier laïc. Elle voit fréquemment des parents provenant de régions de notre pays où le sida et l'homosexualité sont encore des sujets de honte. Le manque de contacts ajoute à la détresse de ces parents. Le fait de parler à Ava Jean les aide et les guide énormément.

Diane, l'équipe du centre et moi-même avons eu le privilège de travailler avec des organismes hospitaliers et publics qui s'occupaient du sida. Dans la plupart de ces organismes, chacun est surchargé de travail et il ne lui reste que peu de temps pour s'occuper de ce qu'il ressent. De plus, la plupart de ceux qui travaillent dans des organismes de santé ont été formés à cacher leurs vrais sentiments dans leur vie professionnelle.

Voir tant de personnes mourir — des gens qui sont devenus des amis — constitue souvent la principale cause d'angoisse. Néanmoins, beaucoup de ceux qui travaillent dans ces organismes commencent à se rendre compte que la mort n'a pas à être considérée comme un échec.

Récemment, nous avons organisé une table ronde au General Hospital de San Francisco pour étudier comment satisfaire les besoins émotionnels et psychologiques dans la profession et comment aider ceux qui travaillent sur le sida. Nous nous sommes rendu compte que les interactions de groupe basées sur les principes de la guérison des attitudes ont été très utiles pour un grand nombre de participants. On nous a encouragés à étendre ce travail.

Crise et transformation spirituelle

Etre témoin du dévouement de ceux qui travaillent dans le monde thérapeutique et de la possibilité qu'ont les malades, leurs compagnons et leurs familles de transformer la souffrance et la peur en compassion et en amour inconditionnel constitue toute une série d'expériences qui nous touchent très profondément. Lorsque nous comprenons que notre but dans la vie est de nous unir, de nous aider et de nous aimer les uns les autres, nous commençons à faire l'expérience de notre vraie nature spirituelle. Lorsqu'on se consacre à donner, à aimer et à aider les autres, il n'y a plus de lutte contre Dieu.

Je crois de tout mon coeur qu'à mesure que nous serons plus nombreux à commencer à vivre le fait que l'amour et le pardon sont nos seules fonctions, nous entreverrons que l'amour inconditionnel est la réponse à toutes nos questions et à tous nos problèmes.

Je ressens qu'à travers la tragédie du sida, beaucoup d'entre nous s'éveillent : c'est la prise de conscience du fait que nous sommes esprit et non pas un ego, qu'il n'existe que la vie, que la mort n'existe pas, qu'il n'y a pas de séparation et qu'il n'y a que l'amour.

Rappelle-moi que lorsque je suis
  dans le Coeur de Dieu,
    il n'y a point de souffrance, point de peine.

Aide-moi à éprouver la compassion
  et à m'identifier avec la dignité de l'Amour
  chez tous ceux sur lesquels mes yeux se posent.

Rappelle-moi que le don de paix
  et d'amour inconditionnel
  est le don le plus précieux
  que je puisse offrir à quelqu'un.

Fais-moi regarder au-delà de la douleur
  à laquelle la souffrance humaine tente de m'assimiler
  pour voir uniquement la Lumière de l'Amour
  qui enveloppe toute forme de vie
  et en jaillit.

Aide-moi à savoir que Ton Amour
  est ma seule réalité
  et que ce qui est réel et vrai
  ne peut être blessé ni endommagé.

Laisse-moi être une étoile de Ta Lumière
  qui guérit toute douleur, toute souffrance
  et toute séparation.

Laisse-moi sentir en moi les battements de Ton Coeur,
  que je puisse tout éclairer
  de Ta Lumière et de Ton Amour
  et savoir que la Lumière que je vois
  n'est que le reflet de Ta Lumière et de ma Lumière
  unies en tant qu'Une.

Rappelle-moi de rendre grâce pour Ton Amour
  et pour ma faculté d'aider et
  d'aimer les autres.

CHAPITRE 16
CHACUN EST UN MAITRE POUR NOUS

NOUS POUVONS TOUS FAIRE QUE CELA SOIT DIFFERENT

Nous pouvons tous faire que cela soit différent
  lorsque nous mettons fin à l'indifférence
  et lorsque nous abandonnons nos désirs égoïstes.

Nous faisons tous que c'est différent
  lorsque nous nous engageons à ce que notre coeur
  ne batte qu'avec compassion,
  lorsque notre seule passion devient
  notre attention les uns pour les autres.

Nous faisons tous que c'est différent
  lorsque le don, la bienveillance, la patience
  et la tendresse
  sont la trame de notre prière,
  lorsque l'Amour et le Pardon
  sont notre chant quotidien.

Nous pouvons tous faire que cela soit différent
   lorsque toute pensée, toute parole, toute action
   devient un don d'Amour à Dieu.

Nous faisons tous que c'est différent
   lorsque nous nous consacrons à la Paix,
   à l'Amour et à la Joie,
   lorsque nous remettons notre vie à Dieu.

Lorsque nous choisissons de nous rappeler que tous ceux que nous rencontrons sur le chemin de la vie sont pour nous des maîtres du pardon, de l'amour et de la présence de Dieu, notre vie commence à avoir un nouveau sens et un nouveau but. Pourtant, l'ego voudrait nous montrer que les gens enseignent la peur. Lorsque nous abandonnons nos jugements et que nous écartons notre ego, le chaos, le désespoir, l'angoisse et la discorde commencent à s'estomper pour être remplacés par le bonheur et l'amour.

Il m'est constamment rappelé qu'il n'y a pas de rencontre accidentelle dans la vie et que, lorsque nous comprenons que nous sommes tous égaux, que nous sommes tous des maîtres et des élèves les uns pour les autres, toute relation peut être vue dans la lumière comme étant une nouvelle occasion de faire l'expérience de la présence de l'amour et de la présence de Dieu chez l'autre comme en nous-mêmes.

Je voudrais maintenant vous parler de certains de ceux qui ont été mes maîtres.

Un jour où j'étais à Denver pour donner une conférence, je me suis arrêté pour faire cirer mes chaussures. J'étais avec une amie et nous parlions ensemble lorsque j'ai remarqué l'enthousiasme avec lequel le cireur faisait briller mes souliers. Ceux-ci n'avaient jamais reçu autant d'amour et de soins. Le cireur avait un immense sourire sur le visage et semblait dans un état de totale béatitude. Il mit plus d'un quart d'heure à faire son travail. Lorsque je lui dis que personne n'avait jamais pris autant de soin pour mes chaussures, il me répondit que c'était son « cadeau à Dieu ».

Comme je lui demandai des explications, il me raconta qu'il se sentait comblé d'être un enfant de Dieu et de recevoir l'abondance de son amour. Il attachait tant de prix à l'amour de Dieu qu'il faisait en sorte que tout ce qu'il accomplissait soit un don à Dieu.

Il me dit qu'il sentait l'amour de Dieu dans tout ce qu'il voyait ou touchait. Pendant qu'il parlait, je compris brusquement que, en mettant tant d'amour à cirer mes chaussures, il exprimait son amour de Dieu. Observer ce cireur était comme observer une personne dans l'extase de la méditation ou de la prière.

J'ai trouvé en cet homme à la fois une grande humilité et une profonde joie. Il m'apprit que tout ce que nous faisons dans la vie peut être une offrande à Dieu. Il me rappela que dans tout « bonjour », dans chaque personne que nous touchons, dans chaque chose que nous faisons, même s'il s'agit de nettoyer des toilettes, nous pouvons mettre tout notre amour comme une offrande à Dieu.

Sans que je m'y attende le moins du monde, le fait d'avoir eu mes chaussures cirées ce jour-là fut une profonde expérience spirituelle. Cet homme montrait que ce n'est pas *ce que* nous faisons qui importe mais *comment* nous le faisons.

Ce soir-là, ma conférence tourna autour la recherche de la présence de Dieu dans tout ce que nous faisons, même lorsque nous faisons cirer nos chaussures.

Un jour, au cours d'une pause au milieu de l'une de mes conférences, un petit garçon d'environ cinq ans s'approcha de moi et me dit avec beaucoup de perplexité : « Monsieur, comment étiez-vous quand vous étiez neuf ? » Quelle question puissante et profonde !

J'étais très heureux qu'il l'ait posée et j'en aimais l'originalité. Les enfants sont une véritable bouffée d'air frais lorsqu'ils expriment leur façon de voir le monde. Nous avons beaucoup à apprendre d'eux.

Je répondis au petit garçon que, lorsque j'étais *neuf*, « j'étais plein d'amour et d'innocence, exactement comme toi ». En fait, je ne cessai de penser à cette question pendant des jours. Plein de reconnaissance envers cet enfant, je me mis à me demander quand, comme beaucoup, j'avais perdu ce sentiment d'être plein d'amour et d'innocence. Je me suis rappelé qu'un enfant nouveau-né est l'essence de l'innocence, qu'il est rempli d'amour, de lumière, de foi, de confiance et de bonheur.

L'amour et l'innocence s'envolent à tire-d'aile dès

que nous nous mettons à juger les autres ou nous-mêmes. Nous retrouvons cette innocence à l'instant où nous cessons de juger. Au cours de mes méditations quotidiennes, je me représentais ce petit garçon. Je laissais son image me rappeler que chaque jour pouvait être l'expérience d'une nouvelle naissance dans laquelle je revoyais tout avec le regard neuf d'un enfant.

Bobby fréquenta notre centre et m'apprit beaucoup sur la façon de traiter la colère. Agé de dix ans, il avait les reins très malades. Il attendait une transplantation.

Les parents de Bobby étaient tous les deux nés sourds-muets et le premier langage qu'apprit Booby fut celui des signes. La langage parlé fut sa seconde langue. Chaque fois qu'il allait chez le médecin avec ses parents, il leur expliquait par signes ce que disait le médecin.

Un jour, je me suis demandé ce qu'on pouvait ressentir en grandissant avec des parents tels que ceux de Bobby. J'essayai d'imaginer comment cela se passait lorsque son père était fâché contre lui. Finalement, je lui posai la question : « Qu'est-ce que tu fais quand ton père te fais des signes pour te dire qu'il est fâché contre toi ? »

Bobby me fit un clin d'oeil et sourit. « Oh, je ferme les yeux », dit-il.

Je n'oublierai jamais Greg Harrison, le premier enfant de notre centre qui mourut, à l'âge de onze ans. En août 1987, dix ans après sa mort, je déjeunai avec ses parents. Nous avons parlé de Greg qui, comme tant d'enfants que je vois au centre, était une âme de sagesse dans un corps jeune, quelqu'un qui était venu enseigner la vérité à ceux qui voulaient l'écouter.

L'histoire de la maladie de Greg fut celle de bien des enfants que nous voyons au centre. Après avoir pris presque une douzaine de médications différentes qui avaient toutes de terribles effets secondaires, Greg fut d'accord pour arrêter les médicaments.

Son pédiatre lui dit que, sans médicaments, il mourrait probablement au bout de quelques semaines. Dans la session de groupe suivante au centre, l'un des enfants demanda à Greg: « Qu'est-ce qu'on ressent quand on sait qu'on va mourir dans quelques semaines? » Avec beaucoup de calme et de paix, Greg répondit: « Je pense que, quand on meurt, on met simplement son corps de côté. D'ailleurs, ce corps n'a jamais été vrai. Alors, on est uni à toutes les autres âmes et à Dieu. » Il ajouta: « Quelquefois, on revient comme ange gardien de quelqu'un. »

Greg nous a suggéré à tous une autre façon de regarder la vie et la mort. Il n'a jamais pensé une seule seconde que la mort était le bout du chemin.

Je suis profondément reconnaissant à Greg et à tous les enfants que j'ai rencontrés, tous ceux qui m'ont aidé à voir une autre façon de considérer le monde et qui m'ont donné le courage d'avoir confiance. Je suis toujours convaincu que Greg est encore près de moi comme ange gardien et qu'il m'aide à traverser les passages difficiles que je me fabrique moi-même.

La danse éternelle de la lumière et de la vie

Il y a quelques années, je fis un rêve merveilleux. J'étais au sommet d'une montagne. Il y avait autour de moi toute une ronde d'enfants qui étaient tous ceux avec lesquels j'avais travaillé avant leur mort. Dans mon rêve, nous nous tenions joyeusement par la main en dansant en cercle. Puis, les adultes avec lesquels j'avais travaillé nous rejoignirent. J'avais l'impression que ce n'était pas un rêve; cela semblait tout à fait réel.

C'était tellement beau que je me suis mis à pleurer de joie. Alors, ils me placèrent au centre du cercle et, en dansant autour de moi, ils s'élevèrent dans les airs dans une ascension en spirale.

Ensuite, il se passa quelque chose d'extraordinaire. Comme chacun s'élevait davantage, ils me lançaient des baisers et, à ce moment-là, leur corps se transformait en lumière. C'était spectaculaire.

En vivant ce rêve, je me suis dit que mes amis, mes maîtres de l'au-delà, étaient en train de me dire que la vie est une danse de bonheur et de lumière et qu'il n'y a pas de mort.

Sharon Winter vint à notre centre alors qu'elle était encore adolescente. Elle avait un cancer. Je me rappelle à quel point elle était réservée et sur ses gardes la première fois qu'elle participa à un groupe. Elle pensait qu'elle n'avait pas grand-chose de commun avec les autres enfants qui étaient tous nettement plus jeunes qu'elle.

Sharon changea bientôt d'avis. Elle travailla beaucoup pour appliquer les principes de la guérison des attitudes dans sa vie. Ce n'était pas facile. Elle avait l'impression d'avoir passé la première année de sa maladie avec un mauvais diagnostic et elle pensait que les choses se seraient beaucoup mieux passées pour elle si le médecin avait détecté son mal plus tôt. Il est bien compréhensible que le pardon ne lui soit pas venu facilement.

Elle était très belle et la perte de ses cheveux par la chimiothérapie lui fut extrêmement difficile. Mais son cancer disparut et elle se maria quelques années plus tard. Les choses semblaient tourner à son avantage. Puis, son cancer réapparut.

A cette époque, Sharon et sa famille étaient devenues partie de ma propre famille. Elle et son mari demeuraient souvent chez moi lorsque j'étais en voyage.

Sharon m'apprit beaucoup de choses sur le courage, la confiance, la reconnaissance du moi et sur bien des manières dont l'esprit peut contrôler le corps.

Par exemple, lorsque mon fils Lee reçut son diplôme universitaire, Sharon fut invitée à la réception que nous donnions pour fêter l'événement. Son cancer s'était développé et, lorsque je lui rendis visite à l'hôpital le jour de la réception, elle était sous morphine et paraissait proche de la mort. Néanmoins, elle était sûre qu'elle viendrait à la réception. En la voyant, je ne pouvais croire qu'elle en serait capable.

Eh bien, Sharon vint à la réception. Personne n'aurait pu penser qu'elle était malade. Je n'en croyais pas mes yeux : elle était pleine de vie et ressemblait à un ange. Pour moi, elle était un miracle vivant.

Ce soir-là, Sharon ne permit pas à son état physique de la limiter. Je pense que l'image mentale qu'elle créa et dans laquelle elle assista à la réception et s'y amusa, était d'une telle force qu'elle a littéralement créé sa propre réalité, une réalité qui lui a permis de transcender son état physique.

Lorsque je lui rendis visite le lendemain, elle était de nouveau pâle et éteinte, mais très contente d'elle. Après cette visite, Sharon quitta l'hôpital pour retourner chez elle où elle mourut peu après.

Je n'ai jamais eu l'occasion de le rencontrer, mais l'histoire de Manuel Garcia, de sa famille et de ses amis tiendra toujours une place privilégiée dans mon coeur car elle m'apprit que, dans les circonstances les plus tragiques, l'amour peut remplacer la peur et qu'il est possible de trouver le bonheur et la joie; même dans nos moments les plus sombres, l'amour de Dieu peut éclairer le chemin. La famille Garcia a fait la plus extraordinaire démonstration du vrai sens de ces mots: *des ténèbres à la lumière*.

A trente-neuf ans, Manuel découvrit qu'il avait un cancer. Par la chimiothérapie, il perdit tous ses cheveux et maigrit de trente kilos. Les médecins étaient sceptiques. En voyant son corps faiblir, il eut du mal à garder l'espoir. Une part de lui-même se sentit abandonnée par Dieu. Manifestement, ses objectifs de vie ne se concrétisaient pas et il avait peur de ce qui se passerait pour sa famille s'il mourait.

Le jour où il devait quitter l'hôpital, il se sentit fatigué et inquiet. En attendant que sa femme et ses amis viennent le chercher dans sa chambre pour l'emmener, il s'endormit. Il ne fut pas certain qu'il ne rêvait pas lorsqu'il entendit des pas autour de son lit. Il ouvrit les yeux et fut stupéfait. Au-dessus des barreaux de son lit, il vit cinq têtes complètement rasées. En regardant mieux, il se rendit compte qu'il ne rêvait pas. Ces têtes chauves étaient celles de sa femme et de quatre de ses amis.

Il se frotta les yeux et secoua la tête pour être sûr d'être réveillé. Alors, tout le monde éclata de rire. Les rires se propagèrent à travers les murs de l'hôpital en communiquant à tout le monde une certaine élévation de conscience.

Ils rentrèrent en voiture à la maison et, lorsque Manuel ouvrit la porte, il était attendu par plus de cinquante amis et proches, enfants et adultes de tout âge. Ils avaient tous la tête rasée.

Ce jour-là fut une fête d'amour que personne n'oubliera. En de tels moments, le sentiment de séparation qu'éprouvait Manuel s'évanouit. Il n'y avait pas de peur. Il n'y avait que l'amour.

Au cours de la fête, Manuel remercia tout le monde et rendit grâce à Dieu de lui rappeler que l'amour de Dieu est toujours là. Ce jour-là, toutes ses pensées d'être abandonné par Dieu disparurent et je suis sûr que tous ceux qui étaient présents ont fait l'expérience du fait que donner et recevoir sont la même chose.

David Roth a écrit une chanson sur Manuel et ses amis, intitulée précisément « Manuel Garcia ». En voici les paroles :

Manuel Garcia, connu dans son quartier,
Ayant famille, épouse, travailleur ayant métier,
Jeune père d'enfants,
Plein de sécurité,
Tout est bien pour lui, tout est planifié...

Un jour Manuel, soudain, ressent un mal au ventre,
Et pour en savoir plus, à l'hôpital il entre.
Il apprend que son corps sur un cancer chancelle,
Ignorant totalement toute loi naturelle...

Manuel Garcia, celui de Milwaukee,
Aux tests et aux contrôles du dispensaire se plie.
Il voit en un instant ses trente-neuf années
Avalées par le temps qui coule au sablier.

Manuel veut connaître chaque éventualité;
Le docteur en voit deux et dit qu'en vérité
Le cancer non traité serait bien vite la fin,
Mais les soins à donner sont durs et incertains.

Et voilà que commence l'hôpital pour Manuel,
De longues nuits remplies de brouillard irréel,
Des bruits de pas traînant dans le vide des couloirs,
Des drogues qui égrènent l'heure du temps dans le
   noir.

Conscient à l'intérieur de la chose qui le ronge,
Du désespoir Manuel maintenant vit le songe.
Déjà vingt bons kilos sont mangés par son mal,
Et la chimie déjà met ses cheveux à mal.

Neuf semaines plus tard le médecin confirme :
Nous avons bien tout fait, c'est moi qui vous l'affirme.
Le cancer à présent choisira deux chemins
Et c'est vous qui avez votre sort en vos mains.

Dans la glace il se voit, le visage effrayé,
Bien pâle et tout ridé, tout seul et étranger,
Malade et solitaire, et personne pour l'aimer,
Cinquante-six kilos, ses cheveux envolés.

Il rêve de sa Carmen, sans lui, à soixante ans,
Ses quatre enfants auxquels il manque l'un des parents,
Les cartes chez Julio chaque jeudi et le reste :
Tout ce qu'il voulait faire et qui maintenant reste...

Se réveillant un jour pour quitter l'hôpital,
Il devine des pas tout autour dans la salle,
Il se frotte les yeux et voit à ses côtés
Sa femme et quatre amis, leurs cheveux tout rasés...

Il regarde à deux fois sans trop oser y croire
Toutes ces têtes côte-à-côte il ne peut que les voir.
Aucun mot, pas un son, il n'y a rien à dire
Mais bientôt tous ces gens ensemble pleurent de rire...

L'hôpital se remplit des cris des gens qui rient :
« Manuel, c'est pour toi », lui crient tous ses amis.
Dans l'auto empruntée, ils l'emmènent en liesse,
« Amigo, estamos, contigo, ves... »

C'est ainsi que Manuel retrouva son quartier,
Son deux-pièces, un dimanche, où il fut déposé.
Peu de gens un tel jour, c'est pourtant bien curieux,
« Peu importe, dit Manuel, pénétrons dans les lieux ».

Mais voilà que d'un coup, la porte s'ouvre en grand,
Des visages l'entourent qu'il connaissait avant :
Une cinquantaine d'amis et tous ceux qu'il aime
La tête toute rasée, avec le mot « Je t'aime »...

Et Manuel Garcia, une victime du cancer,
Le père, l'ami, l'époux, le voisin et le frère,
Se décide à parler, des sanglots dans la voix :
« Je n'aime pas les discours, mais parler je dois...

« Je me sentais tout seul, malade et sans cheveux,
Maintenant vous êtes là, merci Dieu dans les Cieux,
Pour me donner la force, Dieu vous bénit toujours,
Vivons encore longtemps en sachant voir l'amour...

« Pour me donner la force, Dieu vous bénit toujours,
Vivons encore longtemps en sachant voir l'amour... »

Dieu est dans toute relation

En apprenant continuellement par les gens que je rencontre et avec lesquels je travaille, mon chemin spirituel devient un peu plus facile et un peu plus clair. Chaque nouvelle leçon me rappelle qu'il me faut abandonner mes jugements et me centrer sur la vision de la lumière de l'amour : le moi divin chez les autres. Et j'ai commencé à voir que tous ceux qui sont entrés dans ma vie m'ont toujours donné une nouvelle leçon sur le vrai sens du pardon et de l'amour inconditionnel. Je suis plein de reconnaissance envers tous ceux-là car ils m'ont tous appris à voir le monde différemment.

Chaque jour, je suis tenté de revenir à mes anciennes habitudes qui consistent à tout juger. Chaque jour, je dois me rappeler que la perception humaine est un miroir et non un fait. Et chaque jour, il m'est un peu plus facile de voir la sainteté en chacun de nous.

CHAPITRE
17

RIEN N'EST IMPOSSIBLE

Lorsque vous avez foi et confiance en Dieu,
rien n'est impossible;
il y a toujours de l'espoir,
il y a toujours de la joie,
il y a toujours de l'amour
et il y a toujours
le calme et la paix.

Pendant que je préparais ce livre, j'ai dit à un ami qu'il y avait des moments où je trouvais difficile d'écrire. Je n'ai pu qu'éclater de rire lorsqu'il m'a suggéré qu'il était bien possible que je lutte encore contre Dieu.

Je reconnais que je suis toujours tenté de me battre. Bien sûr, dans mes meilleurs moments d'équilibre, je sais que Dieu ne se bat pas et ne se battra jamais et que mon seul adversaire se trouve dans mon propre esprit lorsqu'il est en contradiction avec lui-même.

Nous pouvons apprendre beaucoup en observant les contrastes qui existent entre les différentes périodes de notre vie. Dans mon cas, les contrastes entre 1975 et aujourd'hui révèlent combien ma relation à Dieu a changé.

En 1975, j'aurais jugé fou quelqu'un qui aurait simplement envisagé que je puisse confier ma vie à Dieu, que j'arrête de boire, que je fonde le Centre de Guérison des Attitudes, que j'écrive des livres et que bien des gens entrent dans ma vie pour m'apprendre le pardon et l'amour. Je n'aurais jamais cru pouvoir apprendre à m'accepter et à aimer aussi bien les autres que moi-même. Mon ego m'aurait dit que tout cela était impossible. Si quelqu'un m'avait prédit que j'aurais des relations intimes fondées sur l'amour et non sur la peur, je lui aurais dit que cela aussi était impossible.

Aujourd'hui, je suis guidé par un système de croyance entièrement différent et je crois que rien n'est impossible. A mesure que ma foi et ma confiance en Dieu s'approfondissent, je vois que l'amour est la seule réalité qui soit.

Avant que ces changements ne se produisent dans ma vie, je m'agrippais à la culpabilité de toutes mes forces. A présent, cet ancien attrait pour la culpabilité s'estompe; je ne la considère plus comme une donnée inévitable et héréditaire.

Il y eut un temps où je croyais qu'il fallait reprocher quelque chose à tout le monde. Maintenant je crois tout simplement qu'il n'y a pas de reproches.

Avant, je pensais qu'il était impossible d'avoir l'esprit en paix. Il y des moments, à présent, où je fais l'expérience d'une paix qui dépasse de loin tout ce que je pourrais imaginer.

Avant 1975, je croyais ne pas pouvoir être en

paix sans que les gens dans ma vie changent. Aujourd'hui, lorsque je suis irrité, en colère ou déprimé, *je peux choisir* de changer mes pensées et d'avoir l'esprit en paix.

Auparavant, je pensais que le but du temps pour moi était de réussir et de juger de mes réussites, ce qui m'obligeait à faire face à toute une série d'épreuves et d'échecs inévitables. Maintenant, je conçois le temps comme quelque chose qui m'offre une infinité d'occasions de faire un nouveau choix et qui me donne de nouvelles possibilités de changer ma manière de penser.

Il y eut un temps où je ne pouvais m'empêcher de me centrer sur les *formes* du monde. A présent, je me focalise progressivement sur le *fond* de la vie, c'est-à-dire l'amour.

Avant, j'avais l'impression que les erreurs étaient inacceptables; et si j'en faisais, j'avais le sentiment d'avoir commis un péché impardonnable. Aujourd'hui, je comprends que les erreurs sont un enseignement et qu'elles peuvent être corrigées. Je m'enlise de moins en moins dans la culpabilité.

Nous avons parfois des relations non guéries avant même de rencontrer les personnes ou les choses concernées. J'avais une relation non guérie avec les ordinateurs sans jamais en avoir utilisé un seul. Le fait d'écrire ce livre a été la cause d'un nouveau miracle pour moi, un miracle ayant trait au côté pratique de la vie. En 1975, la mort était ma plus grande peur. En 1987, si quelqu'un m'avait posé la question, je lui aurais dit que ma plus grande peur provenait des ordinateurs.

Du fait de ma dyslexie, je m'étais mis dans la tête que je ne pourrais jamais apprendre à me servir d'un ordinateur. Je me disais que j'étais plus à l'aise en écrivant à la main, puis en découpant mes notes pour les réorganiser. J'avais décidé de ne *jamais même essayer* de travailler avec un ordinateur. Cette fois encore, c'était mon ego qui me parlait de possibilité d'échec.

Cependant, ma direction intérieure me demanda d'apprendre à me servir d'un ordinateur et d'en utiliser un pour écrire ce livre. Un vieil ami, Chet Watson, proposa de m'aider. S'il existe un maître de patience, d'amour et de bienveillance, c'est bien Chet. A mon grand étonnement et à ma joie, il m'apprit à utiliser un traitement de texte, étape par étape. Je suis profondément reconnaissant envers Chet car sa patience, son amour et son soutien étaient exactement ce dont j'avais besoin.

J'ai écrit ce livre entièrement sur mon ordinateur. En écoutant ma voix intérieure, j'ai pu laisser de côté encore une des limites que je m'imposais et, une fois de plus, on m'a rappelé que rien n'était impossible.

Dans le chapitre qui suit, je parlerai des manières dont on peut tranquilliser son esprit par la prière et la méditation. En me préparant à écrire ce chapitre, je me suis souvenu d'un vieux dicton venant d'Inde :

> Un esprit affairé est un esprit malade ;
> Un esprit lent est un esprit sain ;
> Un esprit tranquille est un esprit divin.

A mesure que nous pouvons nous abstraire de l'affairisme du monde, il nous devient possible de calmer notre esprit et nous sommes plus à même de ressentir la présence de Dieu et d'entendre sa voix.

CHAPITRE 18

MEDITATIONS QUOTIDIENNES

La prière est la nourriture de l'âme.

En allant me coucher, je demande souvent de l'aide à mon maître intérieur. Parfois, je demande assistance pour un problème spécifique; à d'autres moments, je demande qu'on m'aide à abandonner mon ego et à m'en remettre à Dieu.

Je me réveille souvent au milieu de la nuit en étant fortement poussé à écrire. J'écris parfois quelques phrases, mais il m'arrive aussi d'écrire une page ou deux sous forme de méditations.

Parmi ces écrits, j'en ai sélectionné quelques-uns que j'ai trouvés particulièrement utiles comme méditation matinale. J'espère qu'ils vous seront aussi d'une certaine utilité.

En ce qui me concerne, la méditation me sert à calmer mon esprit, à faire l'expérience de la paix et de l'amour de Dieu, à ôter ce qui fait obstacle à la conscience de la présence de l'amour et à ouvrir mon coeur et mon esprit aux directives de Dieu.

SUR LA MEDITATION

Qu'est-ce que la méditation sinon un effort
  pour faire l'expérience de l'Amour de Dieu ?
Elle consiste à s'abstraire
  des multitudes de pensées et de tensions
  provenant des travaux inachevés
  de notre vie extérieure;
C'est une bonne volonté
  à être tout simplement tranquille
Et à écouter.

J'ai écrit ce qui suit à mon retour d'une tournée dans des camps de réfugiés au Soudan en mars 1985, à une époque où la famine faisait beaucoup de morts. Les nombreux bénévoles que j'ai eu la chance de rencontrer m'ont beaucoup appris sur l'engagement.

ENGAGEMENT

Pour être heureux et en paix,
   il n'y a qu'un seul engagement à prendre.

C'est de vivre chaque seconde de sa vie
   comme s'il s'agissait d'un moment éternel.
C'est de prendre la décision,
   quel que soit notre comportement,
   où que nous soyons,
   avec qui que nous soyons,

D'être un véhicule pour l'Amour Parfait de Dieu,
D'accepter tout sans défenses,
De nous donner entièrement avec Amour,
D'offrir un Amour total, maximum et inconditionnel
   à tout le monde sans exception.

C'est de prendre l'engagement
   avec toute pensée,
   avec toute respiration,
   avec tout battement de coeur,

D'aider ceux qui ont des besoins,
   qui appellent à l'aide
   et qui souffrent de manque d'Amour.

C'est de prendre la décision
   d'avoir le feu de la compassion dans nos coeurs,
   pour aimer l'univers et tout ce qui s'y trouve
   avec la tendresse d'un amour attentionné.

C'est de prendre la décision d'avoir confiance
   et d'accepter l'Amour illimité de Dieu pour nous-mêmes,
   pour devenir ainsi le messager de l'Amour de Dieu.
C'est de démontrer et de n'enseigner que l'Amour
   car c'est ce que nous sommes.

HONNETETE

Etre honnête, c'est faire la démonstration
   d'une absence totale de tromperie.
C'est ne rien laisser dans l'ombre
   du fait de notre peur
   d'être attaqués ou rejetés.

Pour être honnêtes nous devons être
   totalement libres de toute culpabilité et de toute peur
   pour déterminer si nous le sommes
   ou si nous ne le sommes pas;
   et il n'y a pas d'entre-deux.

Etre honnête, c'est faire l'expérience
   d'une parfaite harmonie dans laquelle nous n'avons
   que des pensées d'amour, des paroles d'amour
   et des actions d'amour.

C'est prendre l'entière responsabilité
   de notre propre comportement
   et n'incriminer personne de quoi que ce soit.

Etre honnête, c'est être parfaitement libre
   et ne pas craindre d'être exactement
   ce que nous sommes... AMOUR.

PRENONS-NOUS LA MAIN

Prenons-nous la main
 et marchons vers la lumière de Dieu.
Restons dans la présence de Dieu
 et la réalité de la joie.

Soyons libérés des séparations de toutes sortes.
Résistons à la tentation de juger
 nos comportements mutuels.

Arrêtons nos souffrances.
Tous ensemble et une fois pour toutes,
 laissons disparaître
 nos blessures passées et nos désirs non satisfaits.
Mettons notre foi toute entière en Dieu
 pour voir le Moi Divin les uns chez les autres
 et pour sentir l'Amour sans fin de Dieu
 qui nous remplit et déborde.
Laissons disparaître nos manques de confiance en
 nous-mêmes
 que nous nous sommes projetés les uns sur les autres.
Unissons nos volontés en une seule
 et laissons-nous diriger par le seul Plan de Dieu.

Unissons-nous dans l'Amour
Unissons-nous dans la joie
Unissons-nous dans la paix.
AIMONS, AIMONS, AIMONS...

LA REPONSE

Bien des problèmes paraissent insolubles
  parce que nous nous focalisons sur les problèmes
  et non sur leur réponse.

L'Amour est la seule réponse
  et lorsque nous nous focaliserons uniquement sur
  l'Amour,
  tous nos problèmes disparaîtront.

PARDONNEZ

Pardonnez,
Pardonnez,
Et pardonnez encore;

N'arrêtez jamais de pardonner
  car tant que vous vivrez dans votre corps,
  la tentation de projeter et de juger
  sera toujours là.

Le pardon est la clé de la paix et du bonheur,
  il nous donne tout ce que
  nous pourrions désirer.

PATIENCE

Les impatients sont toujours pressés.
Ils sont piégés dans le futur
  et liés à la peur et au temps.
Les impatients poursuivent des buts qu'ils ont créés
  et qui ne mènent nulle part.

Ceux qui sont patients ne sont jamais pressés.
Ils sont totalement dans le présent,
  immergés dans un amour hors du temps.
Ceux qui sont patients n'ont pas besoin de buts,
  si ce n'est de rentrer chez eux
  dans le Coeur de Dieu.

Ceux qui sont patients sont patients
  parce qu'ils savent
  qu'ils y sont déjà.

AIMER

Puissiez-vous aimer
  comme vous respirez,
Doucement et facilement,
  librement,
  sans effort,
  continuellement,
  sans arrêts,
Inspirant l'Amour illimité de Dieu,
  expirant l'amour sans limite
  qui se trouve dans votre coeur.

JE SUIS

Je suis la Volonté de Dieu.

Je suis la pureté de l'amour, de la joie
 et de la paix unis en tant qu'un.
Je suis l'essence du don et de l'union.
Je suis cet état d'esprit
 où il n'est point de peur, point de culpabilité,
 point de colère ni de haine,
 point de souffrance ni de maladie,
 point de jugement ni de séparation.
Je suis le reflet de l'Amour de Dieu,
 c'est pourquoi je suis partout;
 je n'ai ni limite ni forme.

Je suis la lumière du monde,
 c'est pourquoi je suis le reflet de tout ce qui est beau.
Je suis le reflet de la simplicité des fleurs,
 du sable sur la plage,
 du chant des oiseaux,
 du bruit des vagues sur la grève
 et de la tranquillité du lac.
Je suis le reflet de tout ce qui est doux,
 bienveillant, tendre, compatissant
 et de tout ce qui a confiance et qui est honnête.
Je suis cet état d'esprit
 dans lequel il n'y a que la vie éternelle,
 où il n'y a pas de mort,
 où il n'y a que la joie.

Je suis l'essence de l'Esprit
 et mon être spirituel est ma véritable identité.
Je suis complet et uni à toute vie.
Je suis invisible et incommensurable.
Je suis le Saint Enfant d'Amour de Dieu;
Je suis la Création de Dieu; Dieu est ma Cause
 et je suis l'Effet de Dieu.
Je suis cocréateur d'Amour avec Dieu.

La Volonté de Dieu et la mienne sont une.
Si j'accepte quoi que ce soit d'autre comme ma volonté,
Je nie ce que je suis.

Je suis le reflet de la Volonté de Dieu.

GRAIN DE PEUR

De même qu'il ne faut qu'un grain de poussière
   pour effacer la pureté de l'eau claire,
   il ne faut qu'un grain de peur
   pour cacher la présence de l'Amour.

La béatitude est un état d'être
   dans lequel à la fois nous débordons de reconnaissance
   pour l'Amour parfaitement serein
   de notre Créateur
   et nous acceptons la gratitude
   de Dieu envers nous.

CHAPITRE
19

CHAQUE PAS SUR LE CHEMIN

J'ai lu récemment le poème ci-dessous, composé par une adolescente de douze ans. Elle écrivait ce qu'elle pensait de la paix pour un livre auquel je collaborais, Les Enfants : Enseignants de la Paix, publié en 1982.

Cela m'a rappelé l'importance de la clarté et de la simplicité. Cette jeune fille disait en une phrase ce que j'ai essayé de dire tout au long d'un livre.

Ce qu'elle énonce a pour moi une telle importance que j'y ai consacré l'ensemble de ce chapitre.

En grandissant, j'espère que je deviendrai comme elle. Dans les moments où je peux placer ce qu'elle dit au niveau de mon coeur, j'ai totalement confiance et je ne lutte pas contre Dieu.

Je crois que si nous faisions de son enseignement une prière pour chaque moment de notre vie, l'univers ne serait rempli que de paix et d'amour.

« La paix c'est quand
vous savez que Dieu
Vous tient la main
à chaque pas sur le chemin. »

CHAPITRE 20

« L'AMOUR EST LE CHEMIN QUE JE PARCOURS AVEC RECONNAISSANCE »

RECONNAISSANCE ENVERS TOI

Mon être entier vibre
   dans le feu du désir
   de notre union sans fin.
Mon souffle même n'est que Ton Souffle.
Mon coeur témoigne sans limites
   de Ton Amour.

Mon Esprit qui est le Tien est la lumière du monde.
Mes yeux ne font qu'irradier et réfléchir
   notre parfait Amour.
Mon essence même vibre avec Toi
   comme une mélodie nouvelle.

Je ne vois que Ton Amour
   qui coule à travers moi,
   ne voyant que son propre reflet.

Ma seule tâche consiste à suivre
Tes directives et Ta conduite.

Ma voix, qui est Tienne, ne peut que bénir.
Ma prière n'est qu'un chant de gratitude éternelle
 car Tu es en moi, je suis en Toi
 et je vis dans Ta Grâce à jamais.

Peut-il y avoir quelque chose de plus important que de reconnaître autrui en disant simplement « merci » ?

Lorsque nous avons l'esprit bloqué et que nous croyons que le monde que nous percevons est tout ce qu'il y a, l'ego se sent en droit de se plaindre de toutes les catastrophes qui nous entourent. « Merci » n'est pas un mot facile à dire pour l'ego. Celui-ci veut s'accrocher à la croyance selon laquelle nous sommes victimes des gens et des circonstances extérieures.

L'ego voudrait nous faire croire que l'amour et la paix sont impossibles dans ce monde. Plutôt que de nous remercier les uns les autres, il veut que nous nous attaquions mutuellement.

S'il le pouvait, l'ego enlèverait à jamais de notre conscience le fait que notre vraie réalité est l'amour et que le monde de perceptions dans lequel nous vivons est un rêve rempli de cauchemars de culpabilité, de péché, d'attaque et de défense.

Lorsque nous choisissons de nous élever au-dessus du monde perceptuel pour vivre dans le monde de l'amour de Dieu, « merci » devient une façon de vivre. A mesure que nous devenons conscients des dons de Dieu, dons de paix, et d'amour éternels, le mot « amour » devient peu à peu le seul mot sur nos lèvres.

Qu'il pleuve ou qu'il fasse beau, nous pouvons apprendre à dire « merci » pour la journée. J'avais l'habitude de jurer lorsqu'il pleuvait parce que je ne pouvais pas jouer au tennis. Mon seul souci était d'« avoir ». Bien entendu, je n'étais pas conscient du fait qu'on m'avait donné là l'occasion d'être reconnaissant et d'offrir mon amour aux autres.

Lorsqu'on a perdu son travail, sa maison ou sa relation la plus chère, l'ego est prompt à dire qu'il est absolument ridicule de dire « merci ». Il ajoute que, si tout ce qui nous arrive est supposé positif et que c'est une leçon de Dieu, alors, nous n'avons besoin ni de la leçon ni de Dieu.

Pourtant, le maître qui habite en nos coeurs nous dit que tout ce qui arrive dans le monde perceptuel n'est qu'une nouvelle opportunité de choisir le système de pensée de l'amour, celui de Dieu, un monde où il n'y a pas de formes mais seulement l'amour.

Imaginez ce que serait le monde si le seul mot que nous disions à Dieu ou que nous nous disions les uns aux autres était « Merci » ! Chaque fois que nous exprimons notre gratitude en étendant notre amour à chacun, il y a un peu plus de lumière dans le monde et un peu moins de ténèbres.

Nous pouvons apprendre à nous entraîner l'esprit à compter nos bonheurs plutôt que nos malheurs. En nous abandonnant à l'amour, en nous abandonnant à Dieu, nous pouvons passer chaque jour à nous reconnaître les uns les autres avec amour et gratitude.

Comme notre monde change vite lorsque nous apprenons à refléter tout l'amour qui nous est donné sans cesse par notre Source. Nous ne pouvons pas mieux remercier notre Créateur qu'en choisissant de nous aimer les uns les autres de manière inconditionnelle en voyant le visage de Dieu en chacun de nous.

Je n'ai pas de mots pour remercier tous ceux qui sont entrés dans ma vie pour être mes maîtres. Bien souvent, je ne les ai pas considérés comme tels. Au contraire, je les ai vus comme mes ennemis et j'ai fait de même pour Dieu.

Quel soulagement de savoir enfin que chacun est mon ami. Quelle libération de savoir que les seuls ennemis que j'aie jamais eus ont été les pensées conflictuelles de mon ego.

C'est pourquoi je dis à chacun et de tout mon coeur :

> Merci pour la leçon de pardon.
> Merci pour la leçon de patience.
> Merci pour la leçon de bienveillance.
> Merci pour la leçon d'amour,
> de paix
> et de bonheur.

« L'amour est le chemin que je parcours avec reconnaissance. »

— *Un Cours sur les Miracles*

EPILOGUE

   Le fait d'écrire ce livre a été pour moi une merveilleuse thérapie. Certaines choses auxquelles je pensais ne plus m'accrocher ont refait surface. Ce fut un processus dans lequel il me fut rappelé une fois de plus que je ne peux me débarrasser de mes ténèbres intérieurs et trouver la paix sans avoir la bonne volonté d'amener ces ténèbres à ma connaissance consciente.
   Je passe encore par des périodes durant lesquelles je refuse de croire que j'ai un voyage à entreprendre et je me crois déjà chez moi dans le coeur de Dieu. Pas un jour ne s'écoule sans que je ne sois tenté de juger ou de condamner quelqu'un ou moi-même.
   Néanmoins, j'ai de plus en plus l'intention de faire que chaque jour soit une prière vivante. D'une manière plus constante, dans tout échange avec autrui je me pose simplement la question : « Qu'est-ce que cette communication réalise ? Est-elle là pour m'unir aux autres et à Dieu ou pour créer une séparation ? »
   Je découvre que, pour sortir des ténèbres et entrer dans la lumière, je dois seulement montrer

un peu plus de bienveillance, de douceur et d'amour vis-à-vis de ceux qui m'entourent et de moi-même. Ma plus grosse difficulté a été de m'aimer moi-même.

La simplicité du fait de choisir une vie d'amour et non une vie de peur devient plus nettement quelque chose de réel pour moi. Le pouvoir engendré par le fait de me rappeler simplement Dieu et le fait que mon identité réelle est amour a dépassé tout ce que j'aurais pu imaginer.

Je vous remercie, cher lecteur, de m'avoir accompagné tout au long des pages de ce livre. Je vous invite à vous joindre à moi pour reconnaître que chacun d'entre nous peut vraiment changer quelque chose. Unissons-nous tous dans l'amour et sachons qu'en partageant des pensées d'amour et de paix les uns avec les autres, nous apportons le miracle de la lumière dans le monde.

Nous pouvons avoir un monde dans lequel il n'y a plus de ténèbres, plus de douleur ni de souffrance et où l'amour est la réponse à tout.

Rappelons-nous mutuellement que nous ne pouvons le faire séparément. Unissons-nous et démontrons dans tous les domaines de notre vie que :

Quelle que soit la question, l'amour est la réponse.
Quel que soit le problème, l'amour est la réponse.
Quelle que soit la peur, l'amour est la réponse.
Quelle que soit la maladie, l'amour est la réponse.
Quelle que soit la douleur, l'amour est la réponse.
L'amour est toujours la réponse
Car l'amour est tout ce qui est.

LES ÉDITIONS VIVEZ SOLEIL

Nous sommes de plus en plus nombreux à désirer nous rapprocher de la nature, donner une part plus grande à la créativité personnelle et vivre pleinement dans un monde en changement constant. Pour cela, il nous faut découvrir les principes de santé et d'harmonie nous permettant d'améliorer notre relation avec nous-mêmes, nos proches et le monde dont nous faisons partie.

Les méthodes de santé sont actuellement multiples et variées. Qu'elles soient issues des traditions anciennes ou des études scientifiques modernes, il est important de percevoir leur complémentarité pour faire ensuite librement ses choix et agir en se prenant en charge.

Tel a été le message de la FONDATION SOLEIL qui a œuvré pendant douze ans pour la pédagogie de la santé, avec le principe de *proposer sans imposer, informer sans prendre parti*.

S'inspirant de cette démarche, les ÉDITIONS VIVEZ SOLEIL présentent des chemins possibles, montrent des directions, en se situant au-delà des querelles d'école et en respectant les convictions et préférences de chacun. D'un livre à l'autre se multiplient les occasions de prise de conscience et de compréhension. Si les expériences proposées nous attirent, nous sommes invités à *vivre toujours plus au pays du bien-être* : favoriser notre santé et notre épanouissement, développer nos ressources personnelles et notre connaissance de nous-mêmes dans une approche globale tenant compte de toutes les dimensions de l'être humain : physique, émotionnelle, mentale et spirituelle.

Elaborés par un groupe de personnes de tous horizons réunies par leur intérêt pour la pédagogie de la santé, les livres signés "Docteur Soleil" présentent la synthèse des études menées sur un sujet donné. A la portée de tous, ils sont rédigés dans un langage simple et avec humour. Comme tous les livres des ÉDITIONS VIVEZ SOLEIL, ils ne sont pas destinés à nous intellectualiser davantage, mais à nous inciter à sortir du monde des limitations pour entrer dans une conscience de la vie plus large, plus drôle, plus libre, plus dense et plus palpitante.

Les ÉDITIONS VIVEZ SOLEIL publient également des cassettes dont la plupart complètent les livres.

Pour tout renseignement :
EDITIONS VIVEZ SOLEIL - 32, avenue Petit-Senn
CH - 1225 Chêne-Bourg, Genève
Tél. (022) 49 24 70

LES LIVRES DES EDITIONS VIVEZ SOLEIL

Collection ALIMENTATION SAINE
- APPRENDRE A SE DETOXIQUER - Dr Soleil
- APPRENDRE A SE NOURRIR - Dr Soleil
- GRAINES GERMÉES - JEUNES POUSSES - Dr Soleil
- GUIDE DES RÉGIMES - Dr Soleil
- JARDINER "SOLEIL" - Dr Soleil
- MANGER "SOLEIL" - Dr Soleil
- VIANDE ET SANTÉ - Dr John A. Scharffenberg

Collection SANTÉ
- AGIR POUR SE GUÉRIR - Dr Soleil
- APPRENDRE A MASSER LES PIEDS - Dr Soleil
- APPRENDRE A MIEUX VOIR - Dr Soleil et Martin Brofmann
- COMPRENDRE LES MALADIES GRAVES - Christopher Vasey
- LE CANCER APPRIVOISÉ - Léon Renard
- L'ALIMENTATION VIVANTE : LE MIRACLE DE LA VIE - M. Karén-Werner
- DES ENFANTS SAINS... MÊME SANS MÉDECIN - Dr R.S. Mendelson
- HYGIÈNE INTESTINALE - Dr Soleil
- LA POLARITÉ, VOS MAINS GUÉRISSENT - Richard Gordon
- LES DENTS-LUMIÈRE - Yves Gauthier
- NATURE CONTRE SIDA - Bruno Comby
- RIRE, C'EST LA SANTÉ - Dr Christian Tal Schaller
- SECRETS TIBÉTAINS DE JEUNESSE ET DE VITALITÉ - Peter Kelder
- VACCINER VOS ENFANTS ? - Dr Françoise Berthoud
- YOGA CRÉATIF POUR LES ENFANTS - Rachel Carr
- DU SIDA A LA SANTÉ - L'histoire de Roger : son combat et sa victoire - Bob Ow
- SIDA - ESPOIR - Dr Soleil

Collection DÉVELOPPEMENT PERSONNEL
- AIMER, C'EST SE LIBÉRER DE LA PEUR - Dr Gerald Jampolsky
- BONJOUR BONHEUR ! - Ken Jeyes Jr.
- DONNER C'EST RECEVOIR - Dr Gerald Jampolsky
- N'ENSEIGNEZ QUE L'AMOUR - Dr Gerald Jampolsky
- SANS PEUR ET SANS REPROCHES - Dr Gerald Jampolsky
- TECHNIQUES DE VISUALISATION CRÉATRICE - Shakti Gawain
- TRANSFORMEZ VOTRE VIE - Louise Hay
- VAINCRE PAR LA SOPHROLOGIE - Dr Raymond Abrezol

Collection EXPÉRIENCES SPIRITUELLES
- DIALOGUE AVEC LA NATURE - Michael J. Road
- LA MORT, UN PONT VERS LA VIE - P. Hayes et M. Smith
- LA VIE BIOGÉNIQUE - E. Bordeaux-Szekely
- L'INCORRIGIBLE OPTIMISTE - E. Bordeaux-Szekely
- LE GUERRIER PACIFIQUE - Dan Millman
- MANUEL DE COMMUNICATION SPIRITUELLE - S. Roman et D. Packer
- NÉ POUR GUÉRIR - Reshad Feild
- NUTRITION SPIRITUELLE ET ALIMENTATION ARC-EN-CIEL
  Gabriel Cousens
- SAUVÉE DE LA FOLIE - Divaldo Pereira
- UTILISE CE QUE TU ES - Fun-Chang
- VIVRE EN HARMONIE AVEC L'UNIVERS - E. Bordeaux-Szekely

Catalogue complet livres et cassettes sur demande.

Editions Vivez Soleil S.A.
32, av. Petit-Senn - CH - 1225 CHENE-BOURG, Genève

Cassettes vidéo

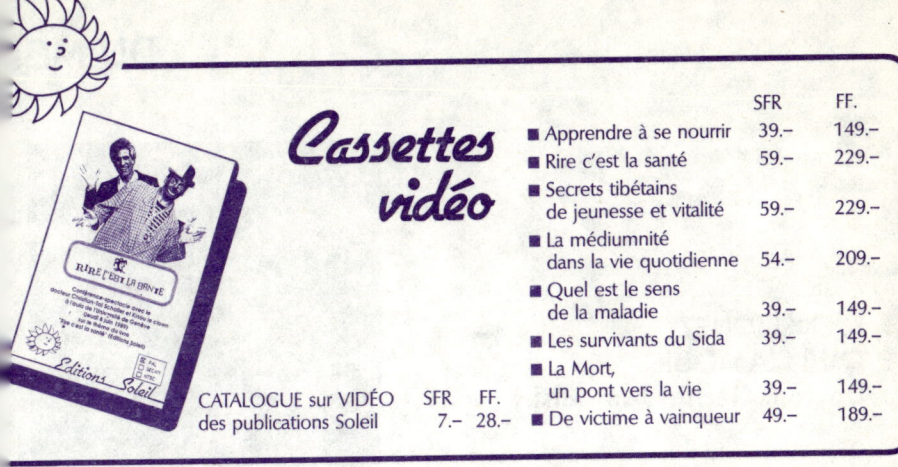

	SFR	FF.
■ Apprendre à se nourrir	39.-	149.-
■ Rire c'est la santé	59.-	229.-
■ Secrets tibétains de jeunesse et vitalité	59.-	229.-
■ La médiumnité dans la vie quotidienne	54.-	209.-
■ Quel est le sens de la maladie	39.-	149.-
■ Les survivants du Sida	39.-	149.-
■ La Mort, un pont vers la vie	39.-	149.-
■ De victime à vainqueur	49.-	189.-

CATALOGUE sur VIDÉO des publications Soleil — SFR 7.- / FF. 28.-

Cassettes audio

DÉVELOPPEMENT PERSONNEL

	SFR	FF.
Eviter le cancer**	32.-	130.-
Détente par la musique rotative	25.-	85.-
Entraînement bilatéral du cerveau	25.-	85.-
Pratique de la visualisation créatrice	25.-	85.-
Explorer son monde intérieur**	32.-	130.-
Laissez vivre l'enfant en vous	16.-	60.- ▲
La pensée positive**	32.-	130.-
Les 4 éléments de l'homme	16.-	60.- ▲
Méthode de stimulation de la mémoire	25.-	85.-
Réconcilier l'homme et la femme**	27.-	98.- ▲
Sophrologie et sport	25.-	85.-
Vaincre par la Sophrologie	25.-	85.-

Les cassettes de Louise Hay

	SFR	FF.
Cancer	25.-	85.-
Créez votre santé	25.-	85.-
Et si nous parlions de votre vie	25.-	85.-
Sida. Une approche positive	25.-	85.-

EXPÉRIENCES SPIRITUELLES

	SFR	FF.
Au pays du sommeil	25.-	85.-
L'Evangile Esséinen de la Paix	28.-	99.-
Santé et spiritualité**	27.-	98.- ▲
Utilise ce que tu es/L'homme qui plantait des arbres	25.-	85.-

ALIMENTATION SAINE

	SFR	FF.
Alimentation des sportifs**	27.-	98.- ▲
Alimentation vivante	22.-	75.-
Nutrition et maladies	16.-	60.- ▲

SANTÉ

	SFR	FF.
Anatomie du corps énergétique**	32.-	130.-
Arrêter de fumer c'est facile**	27.-	98.-
Exercices de régénération visuelle	25.-	85.-
Expériences de santé	16.-	60.- ▲
Hygiène intestinale	16.-	60.- ▲
La santé ça s'apprend**	27.-	98.- ▲
La thérapie par le rire	22.-	75.-
L'équilibre émotionnel	16.-	60.- ▲
L'équilibre mental	22.-	75.-
L'équilibre physique	22.-	75.-
Notre corps, pays à explorer	16.-	60.- ▲
Remèdes fleurs D' Bach	16.-	60.- ▲
Savoir mieux voir**	27.-	98.-
Secrets super forme physique**	32.-	130.-
Se guérir de la peur du Sida	16.-	60.- ▲

VOYAGES INTÉRIEURS

	SFR	FF.
A travers l'eau/Libre	25.-	85.-
Grotte de cristal/Les Grenouilles	25.-	85.-
Le vieil homme et la forêt	25.-	85.-
Sur le cheval des rêves	25.-	85.-
La méditation du sourire/L'être de lumière	25.-	85.-

** 2 cassettes – ▲ jusqu'à épuisement du stock

DU MÊ[ME]

N'ENSEIGNEZ QUE L'AMOUR
Docteur Gerald Jampolsky

Ce livre expose les principes de la guérison des attitudes, qui consiste à ne garder que des pensées d'amour, à ne plus nous percevoir comme séparés les uns des autres, à ne plus analyser, interpréter ni juger. De très beaux exemples, choisis parmi les expériences de l'auteur avec ses malades, en majorité des enfants, illustrent ces principes.

150 pages
FS 28.– / FF 99.–

AIMER C'EST SE LIBÉRER DE LA PEUR
Docteur Gerald Jampolsky

Il n'y a que deux émotions : l'amour et la peur. La première est notre héritage naturel, l'autre, une création de notre esprit. Apprendre à se délivrer de la peur permet de trouver l'amour et l'harmonie.

Ce livre est un guide pratique. Ses leçons nous permettent d'appliquer chacune de ses idées-clé dans notre vie quotidienne.

154 pages
FS 26.– / FF 95.–

DONNER C'EST RECEVOIR
Mini-cours pour vivre avec Amour
Docteur Gerald Jampolsky

Les 18 leçons de ce Mini-Cours permettent d'apporter, par une pratique quotidienne simple, paix, amour et harmonie dans la vie personnelle et interpersonnelle. Elles permettent de concrétiser les idées exprimées par l'auteur dans ses livres.

72 pages
FS 16.– / FF 56.–

SANS PEUR ET SANS REPROCHES
Docteur Gerald Jampolsky

Les reproches : nous en adressons sans cesse aux autres et à nous-mêmes, parce que le passé ne s'est pas déroulé conformément à nos souhaits.

La peur : elle ne nous quitte pas. Nous redoutons d'avoir à subir les mêmes déceptions dans un futur qui ne répondra pas davantage à nos attentes. La peur et les reproches compromettent nos relations avec les autres, notre paix intérieure et, de proche en proche, la paix du monde.

224 pages
FS 28.– / FF 99.–

TRANSFORMEZ VOTRE VIE
Louise L. Hay

Nous avons le pouvoir d'agir sur nos pensées et ainsi de transformer notre vie.

Tel est le message de Louise L. Hay qui vous accompagnera, pas à pas, dans votre démarche vers la guérison par plus d'amour, plus de pardon et plus de joie de vivre.

Unique : des propositions de nouveaux schémas de pensée pour parvenir à se libérer de 300 maladies et affections.

"Un merveilleux livre pour restructurer sa vie et trouver l'estime et l'amour de soi." (Bernie S. Siegel, auteur de "L'Amour, la médecine et les miracles").

312 pages
FS 32.– / FF 119.–

DIALOGUE AVEC LA NATURE
Michael J. Roads

"Sois le bienvenu ! Tu es souvent passé ici, aveugle à nos subtilités, sourd à nos murmures de vérité. Tu reviens maintenant. Avec toi, nous accueillons l'humanité."

Les bruits de la ville s'éloignent, l'esprit rationnel s'apaise, l'homme d'aujourd'hui retrouve le contact avec le monde fondamental dont il fait partie. "Un jour, raconte l'auteur, je décidai de me reconnecter aux énergies de la Nature auxquelles j'avais été lié dans mon enfance. J'allai m'asseoir au milieu des arbres et retrouvai cette même magie, aussi intense. Une paix indescriptible m'enveloppa. La Nature me parlait."

Un livre magique de communication avec la nature.

190 pages / Illustré
FS 26.– / FF 95.–

Plusieurs éditeurs œuvrant pour un idéal convergent ont décidé d'unir leurs efforts, remplaçant la compétition par la coopération. Nos partenaires sont les Editions ARISTA, LE SOUFFLE D'OR, L'OR DU TEMPS et LE HIERARCH, le Centre ISTHEME / DIEM (cassettes) et LE CHANT DES TOILES (cartes et posters).

LES MESSAGERS DE L'ÉVEIL mettent en commun leurs forces, tout en préservant l'identité de chacun.

LES EDITIONS VIVEZ SOLEIL invitent leurs lecteurs à soutenir l'édification de ce réseau de lumière en germination.

Nos lecteurs trouveront dorénavant nos ouvrages sous le nom "Editions Vivez Soleil". Toutefois, certaines de nos anciennes publications sont encore disponibles sous le nom "Editions Soleil".

Achevé d'imprimer en Mars 1991
sur les presses de l'Imprimerie CHEVALLIER
à La Roche-sur-Foron
(Haute-Savoie)